ヤバいです！その金遣い

1万人を見てきた弁護士が明かす、驚きの実態！

MONEY?

石原伸浩
弁護士
ISHIHARA NOBUHIRO

SOGO HOREI PUBLISHING CO., LTD

プロローグ

1万件に上る「お金トラブル」を見てきて。本書は、お金トラブルの傾向と対策の完全版である

A氏「相談宜しくお願いします」
著者「お願いします。えっと、まずこのVISAカードの債務ですが……」
A氏「いやあリーマンショックってきついよね。一気にぶっ飛んで400万よ」
著者「あっ、詳しい原因は後でしっかり伺うので、まずは順々にいきましょう」
A氏「でも原因は全部一緒ですよ。リーマン！　リーマン！」
著者「いやVISAの取引の年数のことなんですが」
A氏「ああ、それは昔からちょっと足りない時に回してたの」
著者「足りない時というのは……」
A氏「付き合いですよ、付き合い。自分の分じゃないですよ」
著者「それ以外に債務はないですか？　住宅ローンとか」

A氏「債務はないですよ。投資物件の借入はあるけど」
著者「それも債務ですよ」
A氏「いやいやこれは資産。ローンで賃料カバーして収益出るから」
著者「ずっとそうですか」
A氏「いや1回滞納があって、今のところはまだトータルでマイナスだけどね。それはリスク分散だから」
著者「……まあいいや。で、整理するとですね。カードはもう使えないですけど、借金の整理をして支払を減らして利息をなくしてやり直しましょうね」
A氏「えっ　いやいや、破産しないから使えるでしょ。他の会社の分は」
著者「いやケースバイケースですけど、難しい時もありますよ」
A氏「いやあ困ったなぁ。何かの時のお守りなんだよね。物入りの時に回って行かなくなっちゃうじゃん」
著者「回すって、それじゃ、いっつもギリギリで、90歳になっても払うんですか」
A氏「そういえば無理かなぁ~。でもなんかの時にこの1枚で……」
著者「いや、その1枚がなんかの時に役に立ってきてないから、今の状況なんでしょ~?」

A氏「でもカードないと信用なくなるしな～。カードがあればお金なくても物も買えるし」
著者「私はカードなんか1枚も持っていませんよ。ましてや、お金なければ買わなきゃいいでしょ。で、買えるときまで我慢ですね。そうすればいいじゃないですか」

自分は地元の下町上野で開業している弁護士。交通事故とか離婚や相続も多いが、やっぱり不景気のせいか借金の相談も多い。

毎日3～4人は相談に来て、最初は全部自分が相談に応じるから、年1000人以上（うちの事務所は年中無休だ）の話を聞いている。

右に述べた話は、その中でも「よくある」パターンである。これを見た読者のみなさんの感想はどうだろうか。

「Aって人は考えられん」「私と全く価値観が違う」

こう思った人は大丈夫。本書を見なくても失敗しないから読む必要もない（でも寂しいから読んでください）。

逆に、「Aって普通じゃないの？」とか、「何がおかしいかわからない」と思ったあなた、今失敗しなくても確実に近いうち、お金で失敗するだろう。

お金で失敗すると……。家族が不和になる。家をなくすかも。何より自分自身が楽しくない。良いことは一つもない。

とするならば……。失敗しないようにすればよい。

この本ではキレイごとを一切排除して、プロだけが気づく本当の実態と対策のみを書いた。

といっても法律の話が載っている堅苦しい本ではない。著者自身、以前はギャンブルも酒も風俗遊びでも無茶苦茶した。結婚も子育ても介護もどきも経験している。いわば、失敗しかけている人の等身大のキャラクターが、失敗から学び成功テクニックを語る、人生ゲームと思って読んでもらえばと思う。

では、早速人生ゲームのはじまりはじまり。

CONTENTS

CONTENTS

CONTENTS

第2章 失敗しやすい人の性格・キャラクターとは？

第1章
当然失敗する人と思わずコケる人

FILE:01

ギャンブル～浪費の王様

負けるためにある……笑うのは胴元のみ

自分の事務所へ借金問題で相談に来る人の中で一番多いのがギャンブラーだ。

競馬、競艇、競輪、パチンコなどオールジャンルだが、一番多いのは競馬。

わざわざここで改めて言うまでもないことだが、ギャンブルをやっても勝てるわけがない。そもそも仕組みとして絶対に勝てないようになっているのだから。

儲けるのは胴元だけ。それは胴元がどれだけ儲けているかを考えればわかることだ。

例えばなぜパチンコ屋は日本全国に膨大な数があるのか、またなぜ外装があんなに豪華なのか。また競馬場もなぜあれだけの広大な施設を建設、維持できるのだろうか、なぜあれほどテレビCMをバンバン流せるのか。

それらは全部、賭ける側の負けた金から出ているということは少し考えればわかるだろう。

今度こそ勝つとか、負け分を取り戻すまでやるとか熱くなっていると子どもでもわかりそうなそんな当たり前のことが見えない（それもわからないというなら本当のアホだから、尚更やらないほうがいい）。だから冷静になってほしいと思う。

あっという間に膨らんでいく

ギャンブルで相談に来る人はやはり男の人が多い。

抱えている借金額はだいたい５００万円前後で複数の消費者金融会社から借りている。

なぜそこまで借金が膨らんだのか。最初のきっかけとしてだいたいみんな言うのが、自分からではなく、上司や同僚に誘われてギャンブルに連れて行かれたと。「付き合い」だったという。

でも最初のうちは勝つ。そこで味をしめて通い始めるのだが、３ヶ月目くらいから負け始め、そこからはずっと負け続ける。

最初のうちは給料と夏か冬のボーナスで負けた分を払えるが、負けてから５ヶ月目ぐらいになると苦しくなる。そこから消費者金融などからの借り入れが始まるわけだ。

この「最初に勝つ」という経験がクセもので、最初に負けた人はもうこりごりだと思って大抵ハマらない。

これはヤクザが素人を博打に引き込む手口と同じ。麻雀や賭博などで最初は素人をわざと勝たせて味をしめさせ、通わせて徐々に金を巻き上げるというパターンだ。

ウチに相談に来る人も借金してまでやっても全然勝てないわけだが、最初の成功体験がどうしても忘れられないからやめることができない。

そのうち借り入れが1社では足りなくなり、2社目の消費者金融から借金をすることになる。こういう人はたいてい2社目の借金をまだギャンブルに使いながらも、たまに勝った分を1社目の返済に回す。当然1社目の借金は利息しか払われない。

そうすると1社目の方には信用が生まれていく。この人はちゃんと借金（利息）を返してくれる人だということになり、1社目の借り入れ限度額が膨らむ。

そうなると1社目から借り増ししてさらにギャンブルをし、たまに勝っては今度は2社目の返済に使うようになり、2社目でも信用が大きくなって借りられる額も大きくなる。

最初1社30万円で始まった借り入れが、2社30万円ずつになり、そのうち例えば80万円と100万円になってきて180万円になってしまう。

消費者金融はお金を貸してくれるのでギャンブルは続けられるが、当然元金は減らず利息の支払いも辛くなるから、借金はどんどん膨らんでいくだけで当然回らなくなり3社目

ギャンブル～浪費の王様

へ。

これまでの実績があるから3社目はいきなり限度額の１００万円を借りられて、あっという間にトータル約３００万円。こんな感じで回していって大体５００万円まで達すると消費者金融が貸してくれなくなってしまう。

顧客の情報は各金融会社に回っていて、「もうこいつはそろそろヤバイだろ」みたいな感じになる。つまりこれ以上金を貸したら回収できなくなると判断するのだ。

こうなると月の返済が30万円とかになって、ギャンブルは当然のことながら、返済もままならなくなるばかりか、生活そのものが危うくなる。

そういうにっちもさっちも行かない状態になって初めて相談に来るというのがだいたいのパターンだ。

普通の頭で考えたらそうなる前に相談に来ればよさそうなものだが、そんな人はまずいない。

彼らはとにかくギャンブルが大好きだから限界までやってしまう。相談に来たときも最初のうちはシュンとしているんだけど、ギャンブルの話をしていると目の輝きが徐々に増してきて、心底楽しそうに話す。こっちが聞いてもいないのにギャンブルの仕組みを延々と話す人も多い（笑）。

こんなキャラの人がギャンブルにハマりやすい

ギャンブルにハマる人の性格としてまず挙げられるのが執着心の強さだ。そして人付き合いがあまり好きじゃない。ストレス発散のために誰かと飲みに行ったりしない内向的な人が多い。友達が多けりゃそこまで一人の時間がない訳だ。

既婚者なら家庭がうまくいってない人。奥さんと仲が良くないから家の中にいづらく、休みの日もずっとギャンブル場で時間を使ってしまうみたいなケースだ。ギャンブルは時間を使えば使うほど負けてしまうので、負ける額もどんどん大きくなる。

経済的にはまずまずの中堅会社に勤めていて中流層が多い。

そもそも貧困層の場合は５００万円もの金を貸してはくれない。

まとめると、収入的には中程度で居場所が家にも会社にもないような人が多い。

ギャンブルはなかなかやめられない麻薬のようなもの

通常、自己破産なり民事再生なりの手続きをすると、その人はもう弁護士に相談して消費者金融との間に入ってもらっているのだから自分も立ち直らなきゃと思い、借金の元となっていることをやめる。

しかしギャンブルで相談に来た人は違う。

頭ではギャンブルはやめなきゃいけないと思っていても、気がついたらパチンコ店や競馬場に来ている。まるで蛾が蛍光灯に引きつけられるように。

どうしても消せないほどの強い欲望の奴隷になってしまう。

ギャンブルはいったんハマるとやめられない人がとても多いのだ。実は破産の場合は裁判所に申請する際に資料として相談者の銀行通帳を添付しないといけないのだが、通帳を見るとＪＲＡなどギャンブル系の引落しが続いていたりする。

EPISODE:01

結局、立ち直れるかどうかは本人次第

以前、あるどうしようもない人が相談に来た。一流企業に勤めていて年収も1000万円近く稼いでいる30代男性のT氏。競馬にハマり600万円の借金を抱えた。借りた元金も利息もすべて返済が免責される自己破産することに決め、金を借りていた複数のサラ金業者に対し、自己破産をするための準備交渉を行った。

この時点で普通の人はギャンブルをやめる。しかしTは違った。その後打ち合わせに来なくなり、やっと連絡がついたのが1年後。そのときに破産申し立てに必要な通帳などを見せてもらったところ、その間ずーっと競馬を続けていたのだ。

これはかなりまずいことになったと思った。というのも、東京地裁は1回の過ちには寛大で、これまでどんなにハマって借金を作っても、もうすっぱりやめて金輪際やりませんと誓い、実際にやめて、反省すれば基本的には自己破産は通る。

しかしやめた時期が大きな問題で、通常は破産前でも弁護士に破産の依頼をした時点で反省してやめるというのが、東京地裁が自己破産を認めるときの大きな判断のポイントな

のだ。

ところがTは自分がサラ金業者との間に入った後も、破産申し立ての前まで延々と競馬をやり続けたわけだ。連絡がつかなかったのもおそらくこのせいだろう。

こういう場合は、いくら借金に寛大な東京地裁といえども自己破産を認めてくれない可能性が非常に高い。

破産者の財産を管理して債権者に分配する管財人もこれには激怒して、何が起きても絶対に破産は認めないと言われてしまった。

しかし、自分はこう必死にお願いした。「確かにTはバカな奴でずっと競馬をやり続けたのは事実だけれど、最終的に破産手続きが終わるまでにはまだ何ヶ月かあるからそれを見て判断してください。破産というのは過去はともかく依頼者の今後のためにやる手続きだから」と。

管財人も最初は「絶対にダメだ。こんなクズは今回は許しても必ずまた同じことを繰り返す」と譲らなかったので、こちらの本気度を示すためにTを依存症治療のカウンセリングに通わせて毎回反省文のようなレポートを書かせた。

そこにはこれまでの人生を悔やむ言葉や、今まで毎週末競馬場に行っていたが、今は子どもと公園に行って一緒に遊んでいることなどが書かれてあった。自分も子どもがいて公園で一緒に遊ぶのが大好きなので、柄にもなくその手紙に泣けてきた。

手続きの途中で地方に転勤になったのだが、東京と違って競馬の情報誌がないから心安らぐと書いてあったのを読んで、今回ばかりはTも本当に変われるかもしれないと思った。

そういったレポートも含め、分厚い上申書を管財人に提出して「本人も反省してカウンセリングに通って今後二度とやらないと思うので今回だけは認めてください」とお願いしたところ、最終的には今回だけは特別の特別でということで破産を認めてもらった。

それから少しして破産の終了書面を郵送するためにTの自宅に電話をかけた。奥さんが出たのだが、彼女の話を聞いて愕然とした。Tは免責（チャラ）になったとわかった瞬間にまた競馬を始めたと……。

管財人の言うとおりだった。もう怒りよりも脱力、無力感しかなかった。

レポートに書いてあった「週末は子どもと遊んでいる」という話も今はもうなく、今ごろまた子どもをほったらかしにしてギャンブルに行っているのかと思うと、本当にやりきれない。

こういう人間には法律や弁護士は無力だ。法律では助けられることと助けられないことがある。

このケースを医者にたとえると、どんなに頑張って難手術に成功して患者の命を救っても、その患者が医者から止められていることをしてしまったら死んでしまうのと一緒だ。Tも今後は合法的な金融機関は貸してくれないので闇金に行くしかない。地獄への第一歩だ。もちろん、こういうことも散々説明した。

いくら我々が頑張ってもどうにもならない。当たり前の話だが、最終的には本人がやる気になるしかないのだ。

ギャンブル依存症という病気

ギャンブルにハマる人というのは、はっきり言ってギャンブル依存症という病気なのだ。実際にTのように精神科医やカウンセラーの診断書を取った人もたくさんいる。

実務的な話になるが、裁判所に相談者が依存症であるという証拠を提出しなければ破産を認めてもらえないケースも多いため、相談者にカウンセリングを受けさせてその診断書を裁判所に提出する。

病気であるという証明になることに加え、反省して治そうとしているという証拠にもなり、破産申請が通りやすくなるのだ。

自分はきれい事を言うのはあんまり好きではないのだが、そのためにもこういう人たちはまず自分がギャンブル依存症という病気にかかっていると自覚することが大事で、病院やクリニックに行って治した方がいいと思う。

根本的に治療しないと、せっかく債務整理（破産）で借金がゼロになってもまた同じことの繰り返しになる。

以前自分が破産手続きをした他の人の中でも、もう二度とパチンコには手を出しませんと言っていたのに、かつての自分の事務所の真隣にあったパチンコ屋から出てくるところに出くわしたことがある。

こちらが何にも言わないのに、「違います、違います」って（笑）。

こいつは本当に懲りてないなと思った。

笑い話で済めばいいが、一度自己破産してしまうともうサラ金は貸してくれないから闇金から借りるようになり、返せなくて追い立てられて一家離散などさらに悲惨な人生になるのだ。

数は少ないが、実際にそうなってから相談に来る人もいる。そういう人はやっぱり衣服はぼろぼろで髪の毛がベトついていて、風呂にもしばらく入っていない、といったようなだらしない感じだ。でもとりあえず表面上は家族という形を保っていて、裏ではその後も裏切り続ける人もいる。

こんなやつは心底ヤバい

Tのようにこちらがいくら頑張っても救いようのない人は他にもいる。

例えば嘘をつく人。

電話をしたとき、明らかに後ろでパチンコ屋の音がしているのに、「すいません、ちょっと今会議中で電話できないんですよ」と嘘をつく。

こういう人間は家族に対しても「俺はもうギャンブルやめたよ」などと嘘をつく。些細なことから嘘をついてその場を取り繕って、弁護士にも家族にも嘘をつきつつギャンブルをやり続ける。こういう人はこちらがどんなに頑張ってもどこまでも堕ちていく。

電話に出るうちはまだいいが、破産の手続き中に連絡が取れなくなってしまう人だっていっぱいいるのだ。

EPISODE:02

うまく立ち直った人

逆にうまく立ち直った例もある。他の法律事務所ではもう破産しかできないと言われた30代の夫婦が相談に来たことがあった。

借金の原因となったのはご主人のパチンコ狂い。給料のほぼすべてをパチンコに費やし、サラ金から借金までするようになったため、奥さんがキャバクラなどでアルバイトをして家計を回していたのだが、ご主人のギャンブル癖と借金癖が長かったせいでもう限界に来た。

そのとき抱えていた借金は５００万円。何らかの債務整理をするしかなくなったが、自己破産をすると自宅に担保をつけた銀行に取られてしまうから、家は取られない個人再生をしたかった。

しかしその家庭には住宅ローンの担保と、おまとめローンといって小さいサラ金たちの借金をまとめるローンの担保がついていた。

法律の条文では住宅ローン以外の担保がついている場合は、家を守る個人再生という制度は使えないと決められている。

だからその夫婦は、ある法律事務所になんとか個人再生できないかと相談したら「住宅ローン以外に担保があるから破産するしかないでしょう」と言われた。

しかしあきらめきれず他に方法はないかと夫婦でインターネットなどで調べていたところ、当事務所のホームページでそういう場合でも個人再生ができる場合があると書いてあったのを見つけて相談に来たというわけだった。

個人再生の手続きをするためにはおまとめローンの債権者の人たちも、破産ではなくて個人再生という手続きで構わないという了承が必要になる。その了承をとりつけるための交渉がけっこう煩雑で大変なのだが、何度も足を運んでおまとめローンの分は必ず満額返済しますからと数字で説明したら最終的には個人再生でいいと了承してもらえた。

しかしそれでもう安心というわけにはいかない。

東京の場合は個人再生委員という個人再生の手続きをチェックする弁護士が裁判所から選任される。そこでもし融通の利かない個人再生委員に当たってしまうと、法律の条文上、住宅以外の担保があったらだめなんだからだめと却下されてしまうのだが、自分がせっかく個人再生という便利な制度があるのだし、おまとめローンの業者の人も個人再生でかまわないと了承してくれているのだからなんとか個人再生でお願いしますと説得を試みた。

するとそのときの個人再生委員が幸運なことに柔軟に法律を運用していこうという考え方の持ち主だったので、そういうことなら誰にも迷惑はかからないから個人再生で行きましょうと裁判所と掛け合ってくれた。

そのおかげで最終的には裁判所も個人再生を認可してくれて、５００万円あった借金は１００万円に圧縮され家は手離さずにすんだのだ。

もちろん依頼人のご夫婦はかなり喜んだ。

最初は他の法律事務所に個人再生なんてできるわけがないと言われたのでほぼあきらめていたし、先生にできると言われてからもやっぱり半信半疑だったと。先生にお願いして本当によかったと。

このときは依頼人にとってよかったなと思うと同時に、医者が難手術に成功したような達成感を得ることができた。

ちなみにこのときのケースは、手続き完了までに要した期間はおまとめローンとの事前交渉で４ヶ月、個人再生の手続きで６ヶ月の計10ヶ月で、裁判費用を含めた弁護士費用の総額が約40万円だった。もちろん支払いは分割でいただいている。

COLUMN:01

俺のギャンブル歴

今でこそ債務整理の相談に乗っている自分だが、一歩間違えば逆の立場になっていたかもしれない。

実を言うと自分もギャンブルにハマっていた時期があるのだ。

学生時代、1年間ほど毎日パチンコ屋に通っていた。

フィーバークイーンという台で、トランプの図柄をそろえるようなアナログな台なのだが、それだけに機械にだまされているんじゃなくて本当に自分で当てているような感じがしてハマったのだ。

ハマった原因はそれだけじゃない。ご多聞にもれず、自分もやっぱり最初の成功体験があった。

初めて打った2日で8万円ほど勝った。これで味をしめてしまって毎日通うようになったのだが、やっぱり続けていくうちに負けがこむようになった。

ギャンブル ～浪費の王様

悪いと1日で12~13万円ほど負ける。でも、有り金を全部すってもまだやりたい。そこで電話ボックスに貼ってあった闇金に電話をかけた。

今でも覚えているのだが、「英国金融」という名前だった。「英国金融」ってかっこいい名前だな、イギリスだからお金持ちだろうと思って（笑）。

今思うと完全に闇金なのだが、もちろん当時はわからなかった。サラ金すら借りたことがなかったから。

それでサラ金程度だろうと思って電話をかけて、「お金を借りたいのですが」と言ったら、柄の悪いヤツが出てぶっきらぼうに「10分後に電話してくれ」と言った。で、言われるまま楽しみに10分後に電話していろいろ話した結果、そいつは「貸さない」と言った。

でもどうしても金がいるから貸してくれ、返すって言ってんだろ！　ってかなり必死になって怒鳴ったり粘ったら、自分のことをヤバいヤツだと思ったのか受付の女の子に電話を替わってしまった。それで結局借りることができなかったのだ。

やっぱりテンパってる学生は金を貸しても返さないと思ったのだろう。

当時、負けるときは1日12～13万円ほど負けていたから、ひと月負け続けるとあっと言う間に100万円ぐらいいってしまう。

自分もバイトをいろいろして稼いでいたのだが、それも全部すぐなくなった。だからやっぱり相談者がギャンブルで借金してしまうというのは、自分の体験からわかるのだ。

もしあのとき闇金がお金を貸してくれていたら弁護士事務所へ相談に行くハメになっていたかもしれない（笑）。

YODAN:01

ギャンブルに勝つ秘訣は〝余裕〟

先にギャンブルは勝てないという話をしたが、例外もある。

個人的な経験から言うと精神的、経済的な余裕があるときには勝てる。

司法試験に受かって法律予備校で講師のバイトを始めた頃、このバイト代がかなりよかったので経済的に余裕があった。勿論、合格したから心も平穏だ。

その頃、3日間だけパチンコを打ったのだが、3日間とも10万円以上勝った。

このときは変にハマらなかった。パチンコで勝てなくてもバイトで十分稼げると思っていたからだろう。

勝っているときでも、もう少し打ってもいいけど今日はもう帰って予備校で生徒を教えるための教材を作った方がいいかな、その方がお金をもらえるなと思って引いたりできる。そうすると1日トータルで10万円勝ったまま終われる。

欲をかいてもっと儲けたいと思ってそれ以上やっていたら負けていただろう。

また、あまり出ない台で打っているときも、ちょっとひと休みして仕事の電話でもしようかと冷静に台を離れることができる。

電話を終えて再び店に戻ってくるとその出ない台は別の人が座っていたりする。そして頭をクリーンにして冷静に別の台を選んで打つともう負けないのだ。

これは自分だけの考えかと思ったが、知り合いの顧問先の不動産屋の社長も、会社を起こすまではパチンコでずっと負けていたのに、起業してからは負けたことが1回もないと言っていた。

会社を起こしてからは会社経営の方で十分儲けられるし、パチンコに割く労力も時間も少なくなるからへんにハマらなかったのだろう。

ギャンブル以上に儲けられる本業があれば余裕ができる。別にお金が必要な訳じゃなくなるし。余裕があると冷静になれる。冷静になれると引き際がわかり、へんにハマらない。これがギャンブルで勝つコツだと思う。逆に言うと余裕がなくて楽してお金を稼ぎたいと欲をかくと負ける。つまりギャンブル以上に稼げる本業がない人はギャンブルをやってはいけないということを肝に銘じてほしい。

FILE:02

風俗・ホスト〜浪費の王子・王女

女の場合――ホストにハマりやすいのは主婦

ホストクラブにハマって借金が膨らみ、債務整理の相談に来る女の人も多い。ギャンブルやエステが浪費として最も多い王様・女王だが、それに匹敵するものがある。「浪費の王女」と呼ぼう。

風俗、特にホストクラブの場合は1回あたりに使う金がギャンブルよりも大きい。1日に１２０万円使う人も珍しくないらしい。

シャンパン1本１００万円、果物20万円といった世界。その中で金を使えば使うほど周りからチヤホヤされ、自分が女王様というか主導権を握れる人間になったような錯覚に陥る。

そういった、偽りだが日常生活の中では味わえない優越感、万能感みたいなのが楽しくてハマっていき、あっという間に何百万円もの借金を作ってしまう。

最近目立つのがホストにハマってる奥さん。

先日、ホストに通うためにご主人名義の貯金や親戚からずっと娘にもらっていたお年玉などを全部使い果たし、結局サラ金から借りたお金が600万円というご婦人が相談に来た。

「債務整理を受けてくれなければ、今から私死にます」と言っていたので相当テンパってたんだと思う。

中には若い20代の女の子もいる。でも借金額が小さくだいたい200～300万円ほどだ。

サラ金もホスト側も20代の女の子に500万円も貸すと回収できないリスクの方が高いと警戒して、そのくらいの額になるようだ。

ギャンブルよりはやめやすい

500万円借りた主婦は、ホストは女のことを金づるとしか思ってないのだから、もう通うのはやめましょうと言うと、最初のうちは「そんなことない、彼（ホスト）は私のことを愛してくれていた」などと言っていたのだが、しばらくして気持ちが落ち着くともうホストへは行かなくなり、そうなると表情も変わってくる。

行かなくなって2、3ヶ月もすると、あれ？　この人ほんとに同じ人かなと思うぐらいに爽やかな感じになっていく。まるで憑き物が落ちたような感じになった。

ここがギャンブルとの大きな違いだ。

例えばパチンコ屋だとどこにでもあるのでついふらっと入ってしまう。でもホストクラブなど風俗店は歌舞伎町などの繁華街に行かないとなかなかなかったり、予約しなければいけないとか、ギャンブルよりも踏まなければならない手順があって敷居が高い。

こういう点がホストクラブや風俗はやめやすい理由の一つではないかと思う。

また、ギャンブルに比べ1回に使う金額が大きいし、勝つこともないので、通いながらも心の奥底ではこのまま続けるといずれ破滅すると思っている。そこをうまくコントロールできるとスパっとやめられる人が多い。周りの人も是非本人を立ち直らせて欲しいものだ。

男の場合――風俗好きは要注意

もちろん男の人も風俗に通うために借金をつくる人もいる。ギャンブルの次に多いから「浪費の王子」だ。

風俗代といってもたかだか数万円でしょと思う人も多いかもしれない。でも好きな人はしょっちゅう行くわけだ（笑）。

例えばこんな人がいた。1回2万円くらいのソープランドとかファッションヘルスへ月7回通っていたのだが、小遣いが月2、3万円なので毎月10～11万円の赤字。それをサラ金から借りて300万円ぐらいの借金をつくっちゃった。

キャバクラにハマる人もいる。ただ相談にくる人のタイプが両極端で、年収が200～300万円程度のガテン系の仕事をしている人（主におじさん）で120～130万円ぐらいの債務で来る人と、年収が1000万円以上の人（主に30～40代）で最初は会社の接待費で落としていたが3次会、4次会になると会社の経費で落ちないから自腹でカードを切って、それが積もり積もって1000万円ぐらいの債務になる人の両方いるのだ。

キャバクラは客に恋愛をしているかのような気持ちにさせて金を使わせる商売。しかもこちらが気を遣って金を取られるだけで、得られるものは何にもないからやめた方がいい。相談に来る人にはよくそう言っている。

COLUMN:02

俺の風俗歴

これまたギャンブルと同じで、自分も若かりし頃、風俗にハマった時期がある。それも生半可な好きじゃなくて、めちゃめちゃ好きだった（笑）。

ハマっていたのは学生時代。お金がなかったので、通っていたのは主に安いピンサロだった。だから週に2、3回ほど行っていた。

大塚、巣鴨、新宿のあらゆるタイプのピンサロに行ったと言っても過言ではない。

当時ピンサロのボーイさんが店内でしゃべるセリフやしゃべり方を覚えてものまねができるほど通っていた（笑）。お金が入ると西川口にもよく行った。

風俗には司法試験に受かった後もよく通っていた。司法試験の予備校の講師のバイトをしていたのでお金に余裕があったからだ。

でも逆にそれがよくなかった。風俗に通うだけならよかったのだが、いろんな

風俗嬢に入れあげてしまってお金を貸してしまったのだ。

何度も通って風俗嬢と顔なじみになると、店の外でも会うようになる。するとそのうち不幸話を語りだす。田舎にいる親が病気になって手術代がかかるとか、ホストがしつこく金をせびってくるからお金がなくて、などが定番のストーリーだ。

そういう話を聞くとかわいそうだなと思って……。もちろん100%信じているわけではない。それよりも男としてかっこよくありたいという思いの方が強くて、騙されてもいいからここで黙っていては男がすたると思い、つい金を貸してしまうのだ。

でも中にはすごくリアリティのある話もあった。

今でも本当だったかもしれないと思うのは、池袋のファッションヘルスに勤めているヘルス嬢A子との一件。制服（笑）がよく似合うぽっちゃりめでかわいい子だった。

ある日、その店に行き、いつもどおりA子を指名して部屋に入るとベッドの上で泣いてた。

わけを聞くと自分の前に来た客が本番を強要してレイプされそうになった、強い力で襲われて怖かったと腕についた爪跡を見せながら語った。

それで、どうしてそんな怖い思いをしてまでこんな仕事を続けるの？　って聞いたら、そこで長野の故郷にいるという親の話が始まったわけだ（笑）。

親が病気で手術代がかかるから辞められないんだと。

そんなことを言われると、この子をここから救い出さなきゃ男じゃねえみたいに思っちゃって、それで少ないけど手術代の足しにしてくれと10万円渡してしまったのだ。

その後はとにかく今後のことを考えた方がいいから1回会って話し合おうとA子に言った。

その頃自分は司法修習生だったので、法律の知識もあるからややこしい問題があるんだったら1回整理して考えよう、君の力になれるかもしれない、みたいなことを言って仕事が終わったら会おうと池袋の北口の喫茶店で待ち合わせをした。

しかしいくら待ってもその日に限って来ない。

3時間待っても来ないからA子の携帯電話に何度も電話したのだが結局出ることはなかった。

そしてそれっきりだ。店に行ってA子を指名しても店が指名を拒否したからだ。

このような話はこれだけではなく、A子を含め結局9人に10万円ちょっとずつくらい、なんだかんだで総額100万円以上は渡してしまった。

もちろんそのうちの1円だって返ってきてはいない。だから結局のところ、風俗嬢と客は騙し「愛」、そこに本当の愛など存在しない。だからハマるだけ無駄なんだ。

こういう話を風俗にハマった依頼者にすると妙に納得して、自分のことを「お主もやるの～」という顔をしてニヤッと笑い、風俗からすっぱり足を洗う人もいる。自分も騙された甲斐があったというものだ(笑)。

COLUMN:03

依頼者にもお金をあげてしまったことがある

しかし、この性格は弁護士になってからも直っていないかもしれない。2、3年前、地方出身の30代前半の女の人Wが相談に来たことがある。元自衛官で退官後、離婚して子どもがご主人に引取られた。

その当時は「派遣の仕事」をしていたが、あまりにも生活が苦しくてサラ金から40万円ほどの金を借りていた。

Wは両親を幼い頃に亡くしていて、話をしてても、自分なんか人から好かれてないとか必要とされてないとか、この先自分なんてどうなってもいいとか思っている節があって、すぐ泣いてしまうような人だった。

いろいろ話を聞いて、どうも派遣の仕事は風俗っぽいピンク系のものだと確信した。

借金は40万円だから破産するほどの額でもないし、しかも5年ほど前に一度破

産していた。

法律では基本的に7年間は二度目の破産はできないと定められているし、東京地裁は比較的破産には寛大なのだが二度目の破産に対してだけは厳しいのだ。

しかもWはもうじき地方の実家に帰ってしまうという。

そうなると破産だけではなく、他の手続きをしても逆に不要なお金がかかるだけだから、とりあえず地方の実家に帰ったら生活保護を受けるように言った。

しかし地方の実家は車がないととても生活できない地域で、一応古い車がある。ここが微妙で、車なんてぜいたく品を持っている人には生活保護など必要ないと判断されて申請が通らない場合もあるのだ。

そのため、最寄の弁護士事務所に相談に行くようにアドバイスした。弁護士が生活保護の申請に同行すれば車を持っていてもまず通るからだ。

しかしWは最後に実家に帰るための費用をサラ金から借りようとしていた。絶対に返せないとわかっていて今借りるのはよくないと言ったら、じゃあ日払いの仕事をしてそのお金で実家に帰りますと言った。自分はそのとき日払いの仕事って完全な風俗、しかもあまり筋のよくないものだなと直感した。前にも書いたが風俗嬢には弱い自分である。それではあまりにも不憫と思い、「返せるようになったら返してくれればいいから」と5万円をWに渡した。20代の頃から何も変わっていないといわれても仕方ない（笑）。

弁護士法では依頼人に正当な理由なくむやみにお金を貸してはいけないと定められているが、自分はそのとき正当な理由があると判断した。このまま風俗で働いてしまうことを一人の男として、そして弁護士として到底見過ごすわけにはいかなかった。

その後、貸した5万円は1万円だけ返ってきた。でも後悔は微塵もしていない。学生時代、お金を渡した風俗嬢がこれを読んだら、こいつまた騙されてると思うかもしれないが（笑）。

FILE:03

エステ

浪費の女王

エステで多重債務に陥り相談に来る女の人も後を絶たない。ホストよりも多いという点では「浪費の女王」だ。

典型的なのが20代で200～300万円ぐらいの借金を抱えた女の子。施術代だけではなく美顔器などを買わされてあっという間に借金が膨らんでいく。

さらにそういった「優良顧客」は同業他社からも勧誘が来るらしい。情報が回っているとしか考えられない。

例外的に65歳の女の人が来たこともあった。

その人は長いこと独身で仕事を頑張ってきたから年収も高く、借り入れ枠も大きかった。エステにもかかわらず600万円ぐらいの債務があった。その人は家を持っていたので、自己破産で借金を帳消しにすることができなかった。

自己破産すると家もとられてしまうので、借金を長期分割で組み直して少しずつ返済するという方法を取った。

依頼者の傾向としては一人暮らしの人が多い。一緒に暮らしている家族がいるとあまりに金遣いが荒かったら不審に思われて注意されるし、会話もあるから長期間一人で問題を抱え込むというリスクが少ないのだろう。

また女の一人暮らしの場合、さびしいから彼氏を作りたくなる。そのためにまずやらなければならないのが痩せることだと思ってしまうようなのだ。

もっともこれは彼女たちだけのせいではなく、「スリムにならないと世の中の男の人から愛されない」という情報を毎日喧伝するマスコミにも非があると思う。

テレビや雑誌、ネットなどであれだけ大量の情報を流されると普通の体型の女の人でも痩せなきゃと思ってしまうのも無理からぬことだ。ほとんど洗脳に近い。

うちの事務所に来る女の人も部屋にこもってネットや雑誌などで痩身のコーナーばっかり見ているので、エステ業界に関してびっくりするほど豊富な知識を持っている。

エステ店の名前や店ごとの特徴、エステティシャンの名前など、とにかくすごく詳しいのだ。

エステは会社も悪どいところがあると思う。あの手この手でお金がかかるようなスケジュールを組んだりコースをどんどん追加したりやたらと物を買わせようとしたりする。

言い方は悪いが、女の人のコンプレックスに付け込み、騙してお金を巻き上げているのがエステ会社だ。

男の「め」と女の「め」

実は相談に来る女の子たちはみんなエステに通う必要なんてこれっぽっちもないと思うほど太っていない。

まあ、自分が「やや」ぽっちゃりタイプが好きということもあるかもしれないが（笑）。まじめな話、女の人は痩せることに関して強迫観念を持ちすぎだなと思う。中には拒食症に陥ったり、精神を病んでリストカットしたりする若い女の子の話もよく聞く。

これまで来た依頼者の中にもガリガリに痩せた人がいた。ベトナム人と日本人のハーフで、これ以上どうやって痩せるのか逆に知りたいと思うぐらい痩せており、やはり200万円ぐらい負債を抱えていた。

そもそも男がみんな痩せギスの女の人が好きだということ自体が間違っている。自分も含め、自分の周り（俺のようなブサイクではなく、周りの奴はイケメンだが）には痩せている女の人には魅力を感じないという男が多い。

また女の子の方で自分は太っていると思っていても、男から見たら普通かむしろ痩せていると思うケースも多い。

つまり同じ「痩せている」「太っている」も男から見たのと女から見たのとでは全然違うということだ。

女の子同士で「もっと痩せないとヤバいよ」と言っているけど、全然ヤバくないよと思う。

はっきりいってマスコミとエステ会社に踊らされているだけだ。だから世の女の子たちに声を大にして言いたい。あなたたち、自分が思うほど太ってないですよと。

FILE:04

高級車購入・頻繁な買い替え

本当に車は必要ですか?

読者のみなさんの中で車を持っている人はどのくらいいるだろうか。

地方ならともかくJRや私鉄、地下鉄などの鉄道が網の目のように張り巡らされている都市部に住んでいれば車はいらないと思う。

自分など交通ルールや車の修理方法や運転作法は交通事故処理の仕事上マニアだが、免許すら持っていない。必要ないからだ。

車両代、ガソリン代は言うに及ばず、駐車場代や税金、保険料など車は持っているだけでお金がかかる。月に乗る回数を考えたら果たして割に合っているといえるだろうか。

コンプレックスが「車」に走らせる

うちに債務整理の相談に来る人は当然ながら借金を抱えているわけだが、ほとんどの人が車を持っていてそのローンを抱えている。

普通の人なら真っ先にお金のかかる車を処分して少しでも返済の方に回しそうなものだが、彼らは違う。

中には複数台所有し、車は人生そのもので「命の代わり」だから絶対に手放せないとほざく人もいる。

前にも書いたが車を複数台所有するとローンもそうだが、維持費だって2倍、3倍かかるわけだ。そういう話を聞くたびにおまえの「命の代わり」は3個もあるんだ、「愛車」への「愛」って薄っぺらいねぇとツッコミたくなる。

しかも話をよく聞くと買い替えの頻度がとても多い。みんな1年に1回かそれ以上買い替えており、時期によっては2、3台の車のローンがかぶっている状態も珍しくない。

このローン、払えると思いましたか？　と聞くと、「当時は払えると思った」とみんな口をそろえてこう答える。

しかし借金する人は面倒くさがりやの人が多いので、おそらく返済のシミュレーションなどしていないと思われる。

それにしてもなぜここまで車の買い替えにこだわるのだろうかと常々思っていた。

いろんな人に話を聞いた結果、経済的なコンプレックスを持っていた人が車に行き着くようだ。つまり、いい車に乗ることが成功の証のように思い込んでいる人がいまだに多いのだ。バブルでもないのに。

だから自己破産の相談に来ているのに乗っている車はベンツやＢＭＷ、抱えている車のローンも７００万円といったケースが多い。

今は２００万円台で買える車もあるのだが、なぜか自分の年収以上の高級車を買ってしまう。しかも家族一人に1台必要だとか平気で言うのだ。

本当に車は必要なんですか？　と聞くと、駅から遠くて不便なところに住んでいるから絶対必要だと答える。

どのくらいかかるか聞いてみると徒歩15分ぐらいだという。

そういう話を聞くと、お前は小学生の頃、学校に歩いて通わなかったのか、お前の前世は亀なのかと。子どもの頃にできたことをなぜ今しないのだろうと不思議に思う。

さらに高血圧で仕事も一時休んでいたと言う人もいるので、だったら自転車に乗り換えるなり歩くなりしてなるべく体を動かすようにすればいいじゃないですか、一石二鳥ですよと言うのだが、モゴモゴ言ってやろうとしない。

自分に言わせたら要するにつまらない見栄となるべく楽をしたいという怠けなのだ。

そこに気づかせようとさらに突き詰めて、どうして車が必要なんですか？　としつこく聞いても、「やっぱり欲しいじゃないですか」みたいな、そういう漠然とした答えしか返ってこない。車を持つのは当り前だろうみたいな。

でもお金ないよね、借金抱えてるよねって話をするのだが、そういう人たちにとってはあまり関係ないらしく、こちらがどんなに説得しても車だけは最後まで手放さないといった人が多い。

FILE:05

絵画・骨董

シロウトほど大金を使う

絵画や骨董で借金を作るのは中年の女の人と若い男が多い。

みなさんも街を歩いているとき、「ちょっと絵を見ていきませんか」などと若い女の子に声をかけられたことはないだろうか。あれはまさしくキャッチで、のこのこついていくと「今、この絵を買うと後で必ず価値が上がって儲けられますよ」「買って欲しいなあ（瞳ウルウル）」などあの手この手で絵を買うように勧められ、気の弱い人はつい買ってしまう。

男の人の場合は1枚30～50万円くらいの絵を買わされるが、1回買ってしまうとその後もどんどん勧誘が来てなかなか抜けられなくなる。まさに蟻地獄。

結局5、6枚買わされて200万円くらいの借金を抱えてどうしようもなくなりうちに相談に来る、といったケースが多い。

言うまでもないが買わされた絵は芸術的価値などこれっぽっちもなく、破産手続きを行う際に価値の鑑定をしても残念ながら1円の値もつかない。そこで初めて目が覚める。あれだけ値上がりするって言われたのに法律的に0円なんですね……といったふうに。

中年の女の人の場合は被害額は大きく、１５０万円の絵を何枚も買うという人が多い。自分には芸術を理解するセンスがある、セレブな自分にはこういう絵がふさわしいというゆがんだ自意識で買ってしまう。

絵を購入した時期の経済状況を振り返ってみると住宅ローンなどで余裕がない。でもその人の中では買える、買えないと恥ずかしいと思って買ってしまう。先の高級車を買う人の例と基本的には同じだ。

相談に来たときにこんな絵にはほとんど芸術的、経済的価値はありませんよと言っても信じないが、手続きが進んでいくにしたがってゴミだということがわかってショックを受ける。

FILE:06

収集癖

好きなモノへの執着が身を滅ぼす

収集癖、いわゆる○○オタクと呼ばれる人の好きなモノへの執着はハンパではない。この人たちも経済的に余裕がないのに高価なものを買いまくる。例えば一つ2、3万円もするフィギュアをすごくたくさん集めている人も珍しくない。

こういう人はとにかく金がないと言うが、原因が自分でわかっている人とわかってない人がいる。お小遣いは何に使ってますか？　と聞くとなかなか言わないのだが、いろいろ聞いていくとちょこっと買物する程度、と答える。多分、ちょこっとといいつつ自覚がある人とそうでもない人がいる。しかし客観的に見て買物の頻度と使う額が多い。その人にとってちょこっとでも、3日に1回2、3万円のフィギュアを買っているとすごい額になってしまう。そして膨らんだ負債額は400万円という人もいた。ちりも積もればなんとやらである。その人には好きなフィギュアを買うのはいいけれど、これからは収支のバランスを考えて小遣いの範囲内でやろうねと説得した。

収集癖

この人の場合は破産手続きをしたのだが、ゴミみたいな絵に比べ、へたに財産になる（！）ようなフィギュアなどを持っているとややこしくなる。破産手続きをする際、所有物を鑑定して財産を有すると判断され、その額がトータルで20万円を越えると破産管財人が選任される。前にも出てきたが、破産管財人とは破産した人の財産を管理し、債権者に公平に分配する役目の人で、その報酬が最低20万円なのだ。

限定モノのフィギュアなどを多数持っている場合、鑑定すると大体１００万円をゆうに超えるので管財人がつくのだが、いざ手続きが始まっても物はすぐには売れない。マニア以外には人気がないからだ。管財人への報酬20万円は現金で払わなくてはいけないのでさらに首が絞まっていくのだ。

こういう人は収集癖がいろいろあって、押入れの奥に長年押し込められて存在すら忘れられた物がたくさんある。収入の範囲内で楽しい気持ちで一生集められるものだったらいいのだが、中にはそうではなくてストレスを発散するために買う人も多い。こういう人は欲しい以上に買い、お金もいっぱい使ってしまう。無駄遣いになるから最終的に後悔することになるのだ。後悔で済めばいいが、借金につながったり、最近では住宅金融公庫の職員がオーディオの買いすぎで金に困り収賄して逮捕されたというニュースもあったほどだ。

COLUMN:04

俺の収集癖～鉄道模型・野球カード・パンダグッズ

ちょっとキツい言い方になってしまったが、ギャンブル、風俗と同じく、実は自分にも収集癖がある。だからそういう人たちの気持ちも痛いほどわかるのだ。

最初に集めたのは鉄道模型。中学3年生のときに学校ですごくいじめられていて友達がいなかったので、いつも一人で部屋にこもって鉄道ごっこをしていた。線路や車両を集めてジオラマを作りたいけど、当然お金がないから大規模なものは作ることができない。駅舎や山がぽつぽつあるけど、それらをつなぐものはないという中途半端な感じのものだった。当然続かなかった。

また、同時期野球カードを集めては一人で野球対戦をしていたこともあった。本来なら二人で対戦するところを一人で2役やるもんだから、当然ながら作戦がわかってしまう。それでも寂しさを紛らわすためにやっていた。今考えたら暗い少年時代だ（笑）。

収集癖

それに対し、大人になってからはパンダが好きでパンダグッズを集めるようになった。今でも自宅の部屋はパンダだらけだ。これは好きでやってるから長続きしている。

ぜひみなさんも細々とでもいいからずっと続けられるもの、心が温かくなるものを集めてほしいと思う。

FILE:07

旅行・帰省

旅行は悪くないのだが……「旅行ハイ」の怖さ

生活に関しての浪費癖で借金まみれになる人もいる。カードで高価な物を買いまくってしまう人がその典型だが、意外に多いのが旅行で大金を使ってしまう人。旅行となるとハイテンションになってしまい、旅行会社に言われるままに豪華なホテルにランクアップしたり、オプショナルツアーに参加したりするほか、高価なお土産をたくさん買ってしまう。

ちなみに観光地のレストランはたいてい高いが、料金5割増と言われている。例えば避暑地で有名な某観光地にはおしゃれなレストランがたくさんあるが、東京で営業したら1軒も通用しないといわれている。美しい自然に囲まれた中で食事ができるというシチュエーションに惹かれて東京では払わないような高い料金を払うが、味そのものは2流もいいところだ。実際、東京では1万円も出せば十分食べられるようなクオリティの料理が、観光地になると2万円とか2万5000円もする。

もちろん旅行は非日常を味わうものだから否定はしないが、お金がないのにそんな贅沢は控えるべきだろう。節度を守らないといつか破滅につながる。

以前も破産手続き中にもかかわらず、旅行で40万円も使った依頼者がいた。家計簿を見たときギョッとした。

たちが悪いことにこういう人たちはあまり悪いことをしているという自覚がない。ギャンブルの場合は弁護士が間に入るとやめる人も多いのはギャンブルをすることに対して多少の罪悪感を感じているからだが、旅行の場合は普通のレジャーだと思っているから本人たちに控えようという意識がないのだ。だから我々弁護士に債務整理を頼んだ後も同じような豪華旅行を続ける。いつまで経っても破産の費用が集まらないからおかしいと思って本人に聞いてみると毎月旅行に行って20～30万円遣ってます、といった人が結構多いのだ。

困ったものだ……。

帰省は良いことだが……見栄の怖さ

また、中には帰省で莫大なお金を使ってしまう人もいる。これもやっぱり破産の費用が積み上がらなくなってきたのでその理由を尋ねると、帰省した際にお金を遣ってしまったという人が結構いる。

例えば遠い親戚まで30人ぐらいに1万円とか2万円ずつお年玉としてあげたとか、トランクいっぱいにお土産を買って現地で配ったとか。そのために何十万円と遣ってしまう人がいるのだ。

理由を聞くと長男だからしかたないという。確かに帰省をすることはいいことだし、長男・家長なんていう習慣も味はあると思うが、これも現在の自分の置かれた状況と限度を考えないとただの浪費と同じことになってしまう。

COLUMN:05

俺の地元愛

ちなみに自分は「地元にいたい」もので旅行には行かないクチだ。平成15年に新婚旅行で登別でクマを見た以来行っていない。というか、遠方へ行っても泊まらない。仕事で九州や北海道の裁判所へ行っても日帰りで帰ってしまう。地元愛（下町愛）が強すぎて1分1秒でも地元を離れたくないのだ。

電車で遠方から日帰りで帰ってきて地元近くを通過すると、懐かしくて涙が出てきてしまう。東からの帰りなら田端や鶯谷、西からの帰りなら新橋や有楽町あたりかな。実は仕事を弁護士にしたのも転勤がないからだ。防衛省や警察官にも関心はあったけど、海外勤務や転勤があるからね。

こういう人間を世間では病気というんだろうけど（笑）。

お金がないのにやってしまう人たち

ギャンブルでも風俗でも車でも旅行でも、共通して言えるのが、借金を作る人はお金がないのにやってしまうこと。言い換えれば収入の範囲内でやるということができない。なぜできないか。

まずはやりたい、買いたいという欲望に抗えない。我慢ができない。いわゆるサルのオナニーと同じで一度覚えたら病みつきになってしまい、ずっとやり続けてしまう。

2つめは見栄。なぜか借金を抱える人は周りからよく思われたい、太っ腹な人間だと思われたいという欲求が強いようだ。だから破産申請中でもお金をバンバン遣ってしまう。身の丈をわきまえるということを考えてほしい。

3つめは別のことでストレスを抱えていて、その解消のために本当はやりたくないんだけどやってしまうケース。

しかしこれでは一時的にはすっきりするかもしれないが、同じことの繰り返しになる。やはり根本的な解決法はストレスの元となっているものを絶つしかない。だからほかのことに逃げるのではなく、ストレスの元を解決する努力をしてもらいたいということを声を大にして言いたいのだ（ストレスの断ち方は大事なことなので後述する）。

FILE:08

高額住宅ローン

純度100%の借金、絶対に資産ではない

債務整理の相談に来る人の中に住宅ローンを抱えている人も多い。しかしこの人たちは住宅ローンが借金であるということをすっかり忘れてしまっている。中には、「いえ、これは資産です」とバカなことを言う人がいるのでここで改めて言っておくが、住宅ローンはまぎれもない、純度100%の借金なのだ。

住宅ローンで相談に来るのは、8～9割は身だしなみもきちっとしていて、ある程度の会社に勤め、収入もある普通にしっかりした人だ。でもどこか計画性が足りないというかもしものときの備えをしていないという人が多い。

人生は何が起こるかわからない。貯金がないから会社の突然の業績悪化で減給されたりボーナスや昇給がなくなったり、営業所や工場閉鎖などで職を失った瞬間に困窮してしまう。せめて100万円くらい貯めておけば半年分の住宅ローンはなんとかなるのだが、それができなくて行き詰ってしまう。

頭金として最低3分の1を入れよう

そういう人たちの多くは、いわゆるフルローンといって、頭金なしでローンを組んでしまっている。当たり前の話だが、頭金なしのフルローンで始めてしまうとローンの額が減るよりも時価が下がるスピードの方が早い。だから行き詰って物件を手離そうとして売ってもローンの残が大きくマイナスになってしまうのだ。

仮にローンより時価の方が高かったとしても、手離すときは仲介手数料をかなり取られてしまう。3％プラス6万円とか取られてしまうので、3000万円の物件の場合100万円ほど取られてしまう。すると時価とローンの差が300万円ほどあったとしても、仲介手数料を引かれると結局手元にほとんど残らないということになる。

一方、頭金をある程度入れておけば時価が下がってきてもローンの額も減っているから売ったときに戻りが出る。だから一見頭金なしのフルローンの方が楽そうに見えるが、絶対にフルローンを組んだり、100万円とか200万円の頭金ではだめなのだ。

失敗したくないなら頭金は最低3分の1は払うべきだと自分は思う。

昇給やボーナスを前提にしない

また、ローンを組むときに、必ず昇給やボーナスがある、つまり年齢と比例して収入も右肩上がりに上がっていくということを前提に考えているがそれも間違いの元だ。

先ほども書いたが、こんな時代だから収入が上がるどころかいつ下がるかわからない。事実、住宅を手放す人が最後に言うのは、手当てやボーナスがなくなったとか昇給がなくなったという「こんなはずでは……」だ。

住宅は人生を左右する大きな買い物なのでローンを組むときはファイナンシャルプランナーなどのプロとしっかり相談して安全な計画を立てた上で組んでほしい。

「いざとなれば投資」はもってのほか

中には、ローンを組んでもいざとなれば他人に貸せばいいと安易に言う人がいるがこれも間違い。これまで仕事柄、人に貸したはいいけど家賃を滞納されて困ったという人を山のように見ている。

今の法律では借りる方が強くて、家賃滞納しても追い出すのに弁護士費用や裁判所の引越業者への費用だけで計１００万円などいろいろと経費がかかってしまう。決してバカにならない額だ。

だから安易に人に貸してうまくいくわけではないので、少しでもお金がある時などむしろ繰り上げ返済をしてローンを減らしていく方向で考えるべきだ。繰り上げ返済はローンもどんどん減るし、利息も減るし、事務手数料も減る。とにかくローンは早く終わらせる方向で考えたほうがいい。

詐欺師のような営業マンには要注意

相談に来るあと1、2割の人は、余裕もないのに不動産会社に騙されて住宅を買わされてしまう人。養子に入れば苗字が変わるからまだローンを組めるとそそのかされて、二人ぐらいの養子に入って住宅ローンを組んでしまう人もいる。また源泉徴収票を書き換えて所得がアップしたように見せかければもっと高い家を買えると言われて、職場とつるんで源泉徴収票を偽造し不動産を3つ買わされた人もいる。もちろん違法行為である。

不動産業界は扱う物件の金額が大きいので売るために法律スレスレ、ときには違法なめちゃくちゃなトークをする。

そこまでいかなくても「家や土地は絶対に値下がりはしません、あなたの収入はずっとアップします」といった詐欺師のような話ぐらいは日常的にするので、くれぐれも注意してほしい。

EPISODE:03

チンピラ営業マンと俺のバトル

先にも書いたが、住宅ローンは借金であり資産ではない。これまでの話でわかるように住宅が資産になるのは相当先の話。ローンをほぼ完済しているとか、ほとんど頭金で払ってローンは少ししか組んでいないという場合は資産と呼んでもいいが、そうではない場合は資産にはならない。

しかしそう思ってしまうのは不動産会社や住宅販売会社の営業のせいでもある。勧誘するときの常套句がまさに「住宅ローンは借金ではなく資産です」というものだからだ。これで自分自身、営業マンともめたことがあった。

結婚した直後の頃に近所にできた新築マンションの部屋を見に行った。

その日の夜、不動産会社の担当の営業マンO氏から電話がかかってきた。

「いい物件だったでしょう？　もうお決めになりましたか？」と。

自分はそもそも物件自体もO氏そのものも気に入らなかったので買わないと答えた。しかしその後もO氏はしつこく電話かけてきて、「なんで買わないんですか？」と聞いてくるので、「やっぱり住宅ローンというのは多額の借金を負うことだからそんな簡単に決断できないですよ」と答えた。

するとO氏は「住宅ローンは借金じゃない、資産です」と言い出したのだ。

「いや、借金ですよ」と言うと「あなたは素人だからそう言うんですよ」と言い返してきた。自分はその頃弁護士だったので「ちょっと待てください。住宅ローンって銀行相手にちゃんと金を借りる契約書を書くでしょう。だから借金ですよね」と言ったら、「いや違う、おまえはバカだから資産と借金の違いがわからないんだ」、みたいなことを言ってきて、「そんなことをあなたに言われる覚えはない」とこちらも段々ヒートアップしていった。

あまりに失礼なことばかり言うので「明日話つけてやるから家に来い」と言ったら（まあ、ボコボコにしてやろうと思っていた（笑））、「おまえの家に火をつけてやる」という捨てセリフとともに電話を切られた。

幸いいまだ火はつけられていないのでどうやら忘れてもらったようだが（笑）。

ちなみにこのチンピラまがいの営業マンが勤めていた会社は創業者が覚せい剤所持で逮捕され、民事再生法手続きを申請した不動産会社だ。

ほかにも脅迫して無理矢理契約書にサインさせたりする悪徳不動産会社もあるのでくれぐれも注意してほしい。

YODAN:02

ブラックリストと住宅ローン

救いがたい人たち

余談だが債務整理の相談を請け負うときに、依頼者から「自己破産するとどのくらいの期間、住宅ローンを組めなくなるんですか？」と必ず質問される。答えはだいたい7年から10年くらいなのだが、そう答えるとみんなビビって、もしかしたら結婚して家を買わなければならなくなるかもしれないからそれは困ると言う。

そこで先ほどの頭金の話をする。確かにあなたは7年から10年の間はローンを組めないけれど、その間に月5万円貯金すれば年間60万円、10年で６００万円も貯まるから、それを頭金にすれば２０００万円の家が買える。だからこれは逆にあなたにとってチャンスなんですよという話をする。

すると8割くらいの人は納得して自己破産手続きに進めるのだが、ローンを組めなくなったら困るからとどうしても自己破産をやらない人が2割ほどいる。

ここは依頼者が再生できるかどうかのすごく重要な分かれ目だと常々思っている。そもそも1、2年後に住宅ローンを組むかもしれないから自己破産はやらないと言っても、もう相談に来た時点ですでに多重債務に陥っているので1、2年後に住宅ローンを組むことなどもともと不可能だ。

しかしその人たちは手っ取り早く住宅ローンを組みたいという意識が強いようで、金がなかろうが多重債務者だろうがこちらの話に全く耳を貸さなくなってしまう。こうなると救いようがなくなるので冷静になって弁護士の話を聞いてもらいたいものである。

FILE:09

投資

目が赤い人たち……「赤アミ」現象

相談に来る人の中に目の白い部分が赤く網の目のように充血している人がいる。こういう人がくると、ああ、投資で借金作ったなとすぐわかる。的中率はほぼ100％だ。自分は勝手に「赤網現象」と呼んでいる。

なぜ目が充血しているかというと、仕事中、プライベート時間の区別なく四六時中、パソコンや携帯で投資物件の値動きをチェックしているからだ。

この人たちの特徴としてはまず年収が極めて高い。2000~3000万円はザラである。

そしてプライドも高い。ギャンブルなんかやるのは貧乏で下賤なやつらで、自分みたいな高貴で頭のいい人は投資をやる。投資の仕組みがわかっているから絶対に損することはない。こんなふうに思っている人が多い。

自分に言わせれば投資こそ最大のギャンブルなのだが。そして本当の意味で頭が切れる人でもない。基本的に本当に頭の切れる人はリスクのある投資などに手を出さない。だから投資にハマる人はやっぱり楽して儲けたいという欲があったり、コンプレックスを抱えていたりするんだと思う。そういう意味ではギャンブルにハマる人と根っこは同じだ。ただ違うのは負債額だ。まさにケタが違う。

前にも書いたがギャンブルで相談に来る人はせいぜい５００万円程度だが、投資で来る人は２０００万円とかザラにいる。つい最近も株で４０００万円の負債を抱えた人が来た。東日本大震災が起こった直後から株価が暴落したが、その１日だけで４０００万円損した。前日まで１５０万円のプラスだったという。

投資にハマっている人もこれだけの借金を抱えているのに、投資の仕組みを話すときは目を輝かせながらうれしそうに話す。こういう点もギャンブルと同じだ。

こういう自信過剰でプライドの高い人たちは担当弁護士といえども見下してこちらの言うことを素直に聞かない傾向にあるので、最初にガツンと言って鼻っ柱を折ることにしている。

例えば相談に来る債務者の中でもこれほどひどい負債を背負ってくる人はいないとか、そんな状態できちんと家族を責任もって養えているのか？　家族に嫌われているよとか、そんなの全然エリートでもなんでもないしただのザコだとか、結局投資ばっかりやって仕事に集中してないから出世できないのでは?、とも平気で言う。

中には事前にパソコンで返済シミュレーションを作って自分に説明し出す人もいる。そもそもそうことがきちんとできないからここへ来てるんでしょうという話なのだが(笑)。

社債＜株＜先物(お先真っ暗なもの)＜FX(だましキツネ)

投資にもいろいろあるが比較的リスクが低い順から並べると社債、株、先物、FXとなる。社債は大企業になればなるほど安全に確実に増やせると考えられてきたが、JALや東京電力の例を見るとそうも言っていられなくなっている。

株はよっぽどの知識と経験がないと利益を出すのは難しいし、ましてや先物やFXは詐欺みたいなものだ。

先物って先の物を買うんじゃなくてお先真っ暗な物を買うことをいうんですよとか、FXも間に○を入れるとF○X、キツネになるので、キツネに騙されてるようなものだから頭を冷やした方がいいですよ、などといつも相談に来た人に話している。

特に少し前から流行っているFXは50万円のものを売り買いすると5000万円のもの

を売り買いしたことになるらしいが、そんなの危ないに決まってる。５０００万円のものを買ったら５０００万円払わなきゃいけないのが道理だろう。

一時期ＦＸで５億円儲けた主婦がマスコミに取りざたされたり本を出したりしてますますＦＸブームに火がついたこともあるが、逆に考えれば５億円勝った人の裏にはその何倍、何百倍もの負けた人が存在する。

マスコミは負けた人を取り上げない。こういう当たり前のことは少し考えればわかることだ。

しかし何度説明しても人の話に耳を傾けない人がいて、このタイプが１番手間がかかる。自分がやったことを少しも悪いと思っておらず、「先生はなぜ正当な経済活動を否定するんですか？」と食ってかかる。

借金で首が回らなくなって相談に来ているという自分の立場をよく理解して、反省し、素直になってほしい。そうしないと再生への道は開けないばかりか、また同じことの繰り返しになってしまうからだ。

唯一儲かる投資は不動産

投資の中で唯一儲かるのが不動産投資だ。しかし条件がある。全額キャッシュか頭金3分の2程度を支払った不動産投資だ。こうすれば借り手がつけば賃料が毎月必ず入るわけだし、つかなくても大きな赤字は出ない。出るとしても固定資産税ぐらいだ。

逆にわずかな頭金とかフルローンでの投資は危ない。投資ということは人に貸すわけだから、滞納されたりしたらローンは減らない。また借り手が部屋を出るときはリフォーム代で50～100万円の出費になる。

中にはフルローンで3、4件、貸している人がいるが、不動産管理は思ったよりも手間がかかる。借り手からフロが壊れたとか水漏れがするとかいろいろ連絡が来るが、それを全部自分でやろうとして本業に差し支えている人も珍しくない。かといって管理会社に頼むとバカにならない管理費を取られてしまう。

人に貸すにしても諸々コストがかかるので、やっぱり一括か少ないローンで購入する必要がある。基本的には自分のための家を買う場合と同じだ。そうできるようにお金を貯めておいて、貯まったら不動産を一戸買って人に貸せばそれで十分儲けることができる。

急いで儲けようとするのではなく、それを待つべきだと思う。

FILE:10

新興宗教

自分は正しいと言い張る人たち

大江戸下町法律事務所に債務整理の相談に来る人の中にもいろいろな人がいるが、大きく2つのタイプに分けられる。

借金の原因となった行為について、悪いと思う人と正しいと思う人の2種類だ。

これまで話してきた人たちはギャンブルなんかにハマるんじゃなかったとか風俗なんかに金を貢ぐんじゃなかったとか心のどこかで多少は後悔していて、相談に来たときに説教をするとたいていは納得する。投資の人たちだって一定の割合で反省している。

しかしこれから話す人たちはちっとも後悔していないどころか、あくまでも自分は正しい、先生がわからないだけだと言い張る。その代表格が宗教だ。

多額の寄付と無駄な付き合いで膨らむ借金

宗教で多額の借金を抱えてしまった人は通帳を見ると一発でわかる。振込先の宛名に個人名がたくさん記載されてあって、不審なお金の出入りが多いのだ。

よくよく話を聞いてみると新興宗教の地区の責任者を務めていて、会合や寄り合いでお金がどんどん出て行く。

月収20～30万円ほどの人が、月に10万円以上平気で使っている。こんなことをやっていれば借金しないと暮らしていけなくなるのは当然だ。

もう少し収入に余裕がある人はお布施、つまり教団に多額の寄付をしている。

通帳をチェックすると、毎年150万円ずつ2回振り込んだりしている。言うまでもなくそういう人に対しては、「あなたの寄付したお金はいったいどこに行っているのですか？」と毎回質問しているのだが、まず「え？」と驚く。どうしてそんな当たり前のことを聞くのかと言わんばかりに。

再び聞くと、「信心に行ってます」と答える。信心といっても物じゃないので、冷静に考えたら教団のすごい立派な建物を建てるのに使われたり、教祖さんが個人的に使ってるのは明らかなのに、おかしくないですかということである。

また、教団の販売する水を高いお金を出して買っている人もたくさんいるので、この水はどこかで汲んできてるわけだから、それに何万円も出すのっておかしくないですか？　だったら俺の汲んできた水も買ってもらえますか？　と話して、目を覚まさせようと努力はするのだが、やはりわかってもらえない人も多い。

一度はうちに相談に来ても、そういう話をすると2回目以降来なくなる人がほとんどだ。もっとも本人が一人で来ることはまずなく、ほとんどが家族が連れてくるのだが、それでも2回目は来ない。

自分としては宗教から抜けさせることはまず不可能なので、彼らの宗教活動がどれだけのメリットがあるかということをいつも淡々と問いかけている。

宗教活動をするせいで今、家計はどうなってますか？　赤字なら例えば時間を使って仕事ができないですか？　というような話をして、常にドライに考えてもらうようにしているのだが、やはり本当のところではわかってくれない人の方が多い。

EPISODE:04

カードに神が宿ってる？

基本的に自己破産をする際は、依頼者にクレジットカードを出してもらってその場でハサミで切る。

我々に債務整理を依頼した後もカードでキャッシングをしたり買い物をしたりして債務を増やしてしまう不届き者、あるいは不注意な人がいるからだ。

当然ほかの債権者からすると、うちは弁護士が間に入ったから債権を放棄、あるいは縮小しなくちゃならないのにどうしてまだあの業者のカードだけ利用してるんだということになり、債務整理の手続きをする上で不利に働く可能性がある。だからカードを使えなくさせるために切るのだ。

あるときうちに債務整理の依頼にきた70歳くらいのお婆さんにもカードを出してもらってハサミで切ろうとしたら「何するの！」とピシャリと手を払われてしまった。

「いや、ちょっと待ってください、カードを切ってお預かりしないと、破産の手続きができないんですよ」と言ったら「そのカードには神が宿っている」とか「私の心のふるさとなんだ」とか言い出して呪文のようなものを唱え始めた。

ひょっとしてと思いそのカードをよく見ると、やはり某宗教団体の名前が書いてあった。

これは手間がかかるかもしれないなと思いながら「とにかくカードを切らないと借金をなくせないけどいいんですか？」と説得したら、債権者の取り立てを怖がっていたこともあり、しばらく悩んだ末にカードを差し出した。

負債額は１００万円と少なめなのだが生活保護を受けていた。借金はお布施や集会などでできたという。ちなみに生活保護を受けていると裁判所は同情してくれるから比較的破産申請が通りやすい。

EPISODE:05

独り暮らしの注意点～Y氏のこと

借金とは直接関係ないが、自分の知り合いにも宗教にハマった人がいる。開成高校の同級生だったYは地方出身で高校入学と同時に上京し一人暮らしを始めた。中学時代ラグビーのクラブチームに入り全日本クラブ選手権で上位入賞したメンバーの一人で、確かにがっしりした体つきなのだがどこか寂しそうだった。やはり高一から親元を離れてたからか。

開成でもいつも二十番くらいで、大学は上位の成績で現役で東大に入ったのだが、某宗教団体に入り、自分が一年遅れて入学した頃には熱心にキャンパスで勧誘していた。そのうちその姿も見られなくなり、大学もやめ、今ではもう生きているのか死んでいるのか誰もわからないらしい。

一人暮らしで、周りに同じような考えの人しかいないと、自分を客観的に見ることや自分自身を省みるということが難しくなってくる。

宗教にハマる人や誰かに騙されて借金を抱えてしまう人は、友だちがいない一人暮らしの人が圧倒的に多いので注意が必要だ。

FILE:11

マルチ・ネットワーク

ネズミは進化する～無→くず物→高級品

昔の、いわゆるねずみ講と呼ばれるものは、単に「○○に入りなさい、そしてつながって行きましょう。あなたも人を集めるとお金が儲かります」と、物を売らずに人を集めればそこから利ざやが取れるといった勧誘の仕方をしていたが、これは法律に正面から違反してしまう。

だから現在はより巧妙になり、法律に正面から引っ掛からないようになっている。

つまり、一応は物を売る形をとるのだ。「これを売ってください。たくさんメンバーを集めると代金の○%をあげますよ」という話だ。これをマルチという。これがちゃんとしたものならいいが、要は「くず」を売る。物はどうでもよくて人を増やしたいだけ。何も売らず人を集めたねずみ講が「無」の売買なら、マルチは「くず」の売買だ。しかし、これでもまだ法律に引っ掛かりかねない。そこで奴らはまた進化した。

例えば浄水器や化粧品など実際に高級な物を実際に高い値段で売って子どもを増やすと

いうやり方に進化している。

うちに来る中で多いのがカーケア用品。神奈川を中心に質のいい物を売って子どもを増やしていくというのがはやっている。これらは法に触れないので、やる人には悪いことをしているという自覚がないが実質上はねずみ講と同じだ。

しかし言うまでもないことだが、マルチ商法で稼げるのは組織の上の方のわずか数人。ピラミッドの下層にいけばいくほど儲からないどころか高い商品を買わされて損をする。

なぜ騙されるのか。誘い方が実に巧妙なのだ。

その神奈川で問題になっているカーケア用品のマルチの場合は、最初の2、3週間は友だちを作る会みたいな感じで、長野の別荘に行ってただみんなで遊ぶだけだったり、神奈川に戻ってきてもお互いの家に泊まって遊ぶだけなど、いわゆる普通のサークルのような行動だ。しかしそのうち、もう少し人生を豊かにするためのステージがあるといったような勧誘を受け行ってみると、マルチの仕組みを解説する説明会だったというパターンだ。

しかしその時点では本格的に参入するのをためらう人が多い。仮に物を買うにしても、最初は子どもを増やすつもりではなく自分自身で使うために買う。

しかし始めてみると意外に物自体はいいし、今まで作ってきた友達関係を壊したくないから、人に売る前提で自分で大量に買うようになっていく。もちろん大量に買ってさばけずに多額の借金を負った人もうちによく相談に来る。

名前もおしゃれに「ネットワークビジネス」？

　ネットワークビジネスなんておしゃれな名称にして紹介する際に美辞麗句を並べているが、中身はマルチ商法でねずみ講とも大して変わらない。

　騙されて商材をたくさん買ったはいいけれど傘下を増やせずに大量の在庫を抱え、最後は自殺したという人の話もよく聞く。うちにも月に二人ほどネットワークビジネスで作った借金の整理の相談に来る。やはり借金して商材をたくさん買い込んだが、勧誘がうまくいかずに借金だけが残ったというケースが多い。

はっきり言ってマルチは犯罪

　楽して大儲けできるという誘い文句に騙されて、多くの人がこれらのマルチまがいに手を染めているが、冷静に考えてほしい。マルチ商法はまともな商売ではない。ありていにいえば元が取れるはずがないのに人を騙して商材を買わせる詐欺だ。そういうことに多額の借金ができて初めて気づく。しかしそれでは遅いのだ。法律上は正式な詐欺ではない点がタチが悪い。法律に反していればこれほど多くの人は手を染めないと思う。

これらのマルチ商法ではよく人との絆が富を生むなどと美辞麗句を並べつつ会員を募るが、親が子どもを巻き込めば一時的に親はしのげる。しかしその子どもは次に孫という犠牲者を作らなければ自分が損をする。しかしそんなに簡単に人を増やせるわけもなく、結局最後は総崩れとなり借金を負う者ばかりとなる。

だからネットワークビジネスは人の絆ではなくて借金の連鎖を生んでいるだけなのだ。

2つの解決方法

債務整理の依頼に対して我々ができる処理の仕方として2つの方法がある。まず一つはマルチで負った借金を破産など通常のやり方で処理する方法。もう一つは、マルチ会社に騙されたんだから、その会社を訴えて損害賠償請求するという考え方もある。しかし本人が目を覚ましてマルチをやめる頃には、もうその会社はなくなっていることが多いので結局は金を取り返せない。

実際にマルチなりネットワークビジネスを最初に立ち上げた数人は儲かる。しかしマスコミなどに取り上げられ問題になると潰してまた似たようなのを作る。基本的に詐欺は全部やり口が同じ。例えば和牛商法も元々豊田商事のチンピラ程度の奴が立ち上げて運営しているが、詐欺も被害者も連鎖していく。

みんな自分でやるはず〜構図はギャンブルと同じ

中には債務整理の相談ではなく、長年在籍していたマルチ会社を抜けたいが、金を使わされたから取り返したいという相談に来る人もいる。おそらくこういう長くいた人は最初の方は儲かっていたのだが組織に金を吸い取られた人なのだろう。

本当に最後まで儲かるなら誰もやめない。実際はギャンブルの胴元と同じく、上しかいい思いをしないのだ！

着ている服や持っているカバンはいかにも高そうな物だが、目つきがどこかイっちゃっていて宗教と同じようなニオイがする。

マルチにハマるのはこんな人

マルチで相談に来るのは若い層、20〜30代で負債額は３００万円程度が多い。

神奈川のカーケア用品の例もそうだが、マルチにハマった動機は人を騙して楽して儲けたいというよりは、友達づくりから始まった人が多い。そういう若者たちは「絆」とか「つながり」という言葉に弱く、簡単にハマって行く。

だから本当に騙されている人もいるが、半分は騙されてもいいからこの人の話に乗ろうという人もいるような気がする。

例えば勧誘してきた人と男女の関係になってしまえばもう好きだから騙されてもいいやとなるし、同性でも一度尊敬してしまえばこの人が言うんだからちょっとうさんくさいけど信じてみようというふうになる人も少なくないように思う。

しかしそれで何百万円もの損害をこうむるのは自分自身だ。わけのわからない世界でなくてもっと身近に尊敬できる人が見つかれば、あっさりと目を覚ますこともありえる。

そもそも言うまでもないことだが、世の中にそんなにうまい話はない。あればみんなやっている。そのことをもう一度冷静になってよく考えて、早く目を覚まして足を洗ってほしい。

COLUMN:06

10年ぶりの電話は……

よくある話だが、自分にも20歳の時に、小学校卒業以来連絡したことがなかった同級生から実家に電話があり、「会いたい」と言っていたらしい。当時はまだ携帯ではなく固定電話の時代だったから、帰宅して親からその話を聞いたのだ。正直、小学校の時そいつとは特に親しくはなかったし、どうも宗教かマルチの勧誘くさい。好きだった女の子ならともかく、そいつは床屋の息子で丸坊主のイメージしかないので全然心もときめかない。放置プレイにしてやった。実際マルチの勧誘だったみたいで、ずいぶんいろいろな奴に電話していた。

こんな奴がいるから本当に同窓会をやる時も警戒されてやりにくい。去年25年ぶりの同窓会の幹事補佐をした時も大変だった。勧誘と思われたり、オレオレ詐欺と思われたり。なので仕方なく各人の家まで行って説明して、参加者をどうにか増やした。

何でそこまでやるのかって？
そりゃ、会いたい子がいたからさ。
どうだった首尾の方はって？
聞かないでくれ。俺の顔写真をみればわかるでしょうに……

FILE:12

夢追い人のあわれな末路

世間知らずの単なるガキ

夢を追うこと自体はすばらしいことだと思う。しかし借金をして人に迷惑をかけてまで追う夢に価値などあるのだろうか……。これも自分で悪いと思っていない類の話だ。

女の「夢追い人」の場合は女優を目指しているケースが多い。以前相談に来たのは40歳くらいでまだ女優の卵。オーディションやちょい役のロケで忙しいらしく定職に就いていない。そのロケの仕事にしてもほとんどエキストラなので1日数千円しかもらえず、月収は10万円に届いていない。

結局生活費などで120万円ほどの借金を作り、相談に来た。自己破産を希望しているが、この人もなかなか連絡が取れずこの先どうなるかわからない。

こういう人は自分を正当化しがちだ。自分は夢を追いかけていて忙しいんだから弁護士への連絡なんか後回しでいい、みたいなノリなのだろうが、自分に言わせたら世間知らずのただの甘えたガキだ。そんな人間に夢が叶えられるなんて到底思えないのだが。

EPISODE:06

「夢はあきらめない」は本当か？

以前、プロゴルファーを目指しているというHという男が債務整理の相談に来た。そのときの年齢は39歳、しかもゴルフ歴はたったの2年だった。

自分はゴルフをやらないから詳しいことはわからないが、客観的に考えてそれは無理なのではないかと思った。

当時Hはプロからゴルフレッスンを受け、プロの技術を間近で見て研究するためにゴルフツアーに同行していた。しかも収入はキャディまがいの仕事や打ちっぱなしでの球拾いくらいしかなかったのでかなり低く、結局2年間で300万円の借金を作っていた。

それにも関わらず、Hには焦りとか落ち込んだ様子は微塵もなく、ゴルフは自分にとっての夢だとか、人生において充実感をすごく感じているとか偉そうなことばかり語っていた。

ほとんど40歳のいい大人が300万円もの借金を作っておきながら夢を語るとは笑止千万だとは思っていたが、借金で困っていたことは事実なので自己破産の依頼を受け、処理を始めた。

夢追い人のあわれな末路

ところがいつまで経っても弁護士費用を払わないし、なかなか連絡は取れないし、取れたとしてもゴルフで忙しいというばかりでらちがあかない。

そんな状態が１年間続いたので破産手続きを途中でやめさせていただいた。こちらとしては時間と手間ばかりかかってしまったが、その後、Ｈの母親が費用の一部だけ払ってくれた。

Ｈは高校卒業後、定職に就かず職を転々としていた。プロゴルファーを目指す前もフリーターのような感じで、いわゆる「サラリーマンなんかになりたくない」という青臭い感情がずーっと続いている人だった。

そういう思いは特に男なら10代の頃に持つかもしれないが、麻疹（はしか）みたいなもので通常は大人になるに従って薄れ、最後には落ち着いてまじめな勤め人になる。

彼にはそれが全然なく、「夢」を追って40歳手前で３００万円の借金をつくり、相談に来たが途中で逃げ出し、母親に弁護士費用の肩代わりをさせる。

10代の若い人から見ると夢を追っている大人ってかっこよく見えるかもしれないが、中にはこのようなどうしようもない「夢追い人」もいる。

みんな子どもの頃はプロ野球選手とかパイロットとか夢を持つだろう。それ自体は悪いことではなくてすばらしいことだ。

実際に子どもの頃の夢をかなえる立派な人もいる。しかし大多数の人は大人になり現実を知るにつれ、夢の実現は不可能だと知り、自分の置かれた環境の中でベストを尽くそうとがんばる。それがまっとうな人間というものだろう。

COLUMN:07

俺の見た夢

こういうキツいことを言うと、それはあなたが夢を叶えた人間だからでないかとか、夢を持ったことのない冷たい人だと言われそうだがとんでもない、自分自身も完全に夢をあきらめた人間である。

自分の夢は格闘家（空手家）になることだった。中3の時、毎日飽きるほどいじめられたから、とにかく強くなることに憧れていた。今でもすべての格闘家を尊敬している。学生時代から空手の道場に通って修行に励んでいて、将来は上手になり、自分でも道場を持って生活したいと思っていた。実は司法試験を受けたのも道場経営では食えない時に副業で弁護士をやればいいやという考えだった。

そのためにも大きな大会に出てある程度の実績をあげたいと思っていたが、練習中に膝を壊してしまった。練習や試合どころか半年ぐらいはうまく立ったり座ったりができないほど悪化したのでその夢はあきらめざるをえなくなった。

そのときはすごく悩んだ。元々レベル的にも無理な話だったのかもしれないが、それでも試せるだけは試したかった。格闘家の道を目指すために司法試験には合格していたが、司法研修所に行くのを遅らせていたほど本気だったからだ。

周りが司法試験に合格したんだから弁護士の道に行くのが当然みたいな反応だったので、そのうち悩んでいる自分がおかしいのかなとも思いはじめはした。しかしやはり自分が一番なりたかったものになれないとわかったときはかなりつらかった。

でも現実に生きるのが大人としてかっこいいと思い込むことで自分を納得させた。そういう風に考えないとつらくてやっていけないからだ。

それにあきらめるといっても格闘技を全くやれないわけではない。一定程度膝が治れば趣味で道場に通うことはできるし、ハードルが低めのアマチュアの試合に出ることはできる。野球でもプロ野球は無理でも仕事を持ちながらある程度本気の草野球を続けている人もたくさんいるだろう。

人生は長い。ある程度の期限を作ってそこでダメなら別の道へ行くなど、才能

と年齢を考えて見極める必要がある。そうしないと人生そのものを棒に振ること
にもなりかねない。

YODAN:03

被災地のアイドルは自衛官

以前、ある新聞で、東北の子どもたちに憧れの人を聞いたところ、芸能人やスポーツ選手に混じって自衛官が挙げられたという記事を読んだ。もちろん今回の東日本大震災の影響である。子どもたちはちゃんと見ているんだなあと感動した。

津波で壊滅的な状態になった被災地で日々泥まみれ、汗まみれになりながら働いている姿は子どもたちだけではなく、我々大人の目にも輝いて映る。本当に頭が下がる。こういうことを考えると必ずしも華やかな世界で活躍する人だけが夢をかなえたとかヒーローというわけではなく、人のために地道に日々の仕事をこなすことこそが尊くかっこいいと思うのだ。

今回の件で自衛官に限らず、消防や警察などにスポットライトが当たったことは非常にいいことだと思う。芸能界とか投資とか実体のない浮ついた世界にばかり注目が集まる社会はやはりおかしくなっていくと思うのだ。

FILE:13 保証人・名義貸し（友人への貸付）

保証人は金を借りたのと全く同じ

債務整理の相談に来た人に「どうしてそんなにお金を借りたんですか？」と聞くと、「いや、自分が借りたんじゃないんです」と答える人がいる。弁護士になりたての頃は意味がわからなくて頭の中が？でいっぱいになったが、こういう人は全体の半数ほどいるので、今ではスムーズに処理に移ることができるようになってしまった。

通常「借金ができてしまった」と聞くと本人が作ってしまったものとばかり思ってしまうが、そうとも限らない。他人の作った借金を被ってしまう、もしくは被らされてしまって相談に来る人もたくさんいるのだ。

その一つが、知り合いがお金を借りるときに連帯保証人となってしまうケースだ。保証人とは文字通りお金を借りた人が払えなくなったときの保証となる人だから、事実上借金を背負うのと同じと言っても過言ではない。

読者の皆さんの中にも、親に「どんな人からどんなに頼まれても絶対保証人にだけはなるな。保証人にならないことでたとえその人から縁を切られたとしても」と言われた人はいると思う。

それはその通りでそれで切れる縁ならしかたないし、そもそも金を貸してくれって言ってきた時点でその人との人間関係には黄色信号が点滅しているのだ。

保証人になったら情緒的な交渉は出来ない――保証と相続

保証人になっていいのは本人が払えなくなったときに自分が肩代わりする覚悟がある人だけだ……とも実は言い切れない。

例えばAさんの親BさんがCさんの借金の保証人になった場合、BさんとCさんの間はとても親しく覚悟をもって保証人になっているので、Cさんが返済不能になって債権者からBさんに請求が来てもBさんはCさんを恨まない。

しかし、Bさんが亡くなってしまうと、その返済義務はその子どもであるAさんに来てしまう。そんなAさんみたいな人がよく相談に来るのだ。

Aさんにしてみれば Cさんは全然知らない人だったり、名前くらいしか聞いたことのない人だった場合、話はややこしくなる。自分は借金をしていないどころか、保証人になったのも自分ではなくて親なのだから、債権者と交渉して支払い義務を免除してくれと必ず我々に言い出すのだ。

もちろんそんな言い分は法律上通用しない。財産と同じように負債も相続した人が負わなければならない。

しかし日本人はたいてい自分が借りたわけでも保証人になったわけでもないから銀行や大手信販会社だったら事情を話せばわかってくれるはずだと思い込んでいる。しかしそれは法律上できませんと言うと「どうしてできないんだ！」と食ってかかる人がたくさんいるが、どんなに泣こうが叫ぼうがどうすることもできない。

しかし一つだけ親の借金を無効にする方法がある。それは相続放棄。ただし親が亡くなって3ヶ月以内にしなくてはならないし、相続放棄をしてしまうと当然ながら家や現金などの財産も受け取れない。

それでも子どもが借金を背負いたくないといって相続放棄をすると、第2順位以降の相続人、例えば親の兄弟などに請求が行く。だから保証人になるということは自分だけではなく、子孫にとっても危険なのだということを肝に銘じてほしい。

名義貸し――ヘタしたら「サギ」になる

他人の借金を背負ってしまうもう一つの代表的なケースが「名義貸し」だ。

大きくわけて2パターンあって、一つはカードローンなどのカードでお金が借りられるカードそのものを他人にあげてしまう人。例えば友だちにお金を貸してと言われて、お金ないよって答えると、じゃあカードを貸してくれればいいよと言われ、消費者金融系や信販系のカードを渡してしまうというケース。言うまでもなく限度枠いっぱいに「友達」はお金を借りてそのうち連絡が取れなくなる。

もう一つのパターンは、お金を貸してと言われたとき、カードそのものを渡すのではなくて、自分でカードを作って限度枠いっぱいに借りてその現金を渡す人。

信じられないと思う人もいるだろうが、現実にこういう人がたくさん相談に来る。自分自身意味がわからなくてどうしてそういうことをするのか聞くのだが、人間関係のためどうしても断れないと口をそろえて答えるのだ。

特に多いのが男の人と中年の女の人。男は学校の友だちや仕事関係の人から頼まれたらどうしても断れないというケース。

女の人は職場のパート仲間やＰＴＡ仲間などに頼まれて貸したというパターンが多い。

一方、若い女の人は皆無。その辺はドライに計算をするのだろう。ただ、親のために名義貸しをしたという若い女の子はいた。カードでお金を借りてそのまま故郷の母のもとへ送ったというケースだ。

名義貸しの場合は、やっている人はたくさんいるが厳密にいうと詐欺にあたる。というのはお金を借りるときは使途・目的を書かなければならないが、通常は人に貸したりあげることを正直にそのまま書かない。そうすると目的や利用者を偽って借りることになるので、民法上も刑法上も詐欺になりかねないのだ。訴えられたら有罪になる可能性もなくはない。名義貸しはそれほど危険な行為なのだ。

「貸すならあげろ」

こういう人たちに言いたいのは、そもそも貸す金がないのであれば貸さなければいいわけであって、どうしても貸さなければならないのであれば手持ちの中からあげればいいということ。

もし知り合いから１００万円貸してくれと言われたら、名義貸しで１００万円を用立ててもいけないし、連帯保証人になってもいけない。その代わり5万でも10万でも、今融通できる額のお金をあげる。これは昔から祖父に言われてきた鉄則なのだが、本当にそう思う。

COLUMN:08

賢い貸主たち？

別項のコラム13でも書いたが、小学校の時小遣いをもらっていなかったので、お金の遣い方がわからなかった。ただ、中学に入ると電車通学だったこともあって、それを機に自分も小遣い制になり、月1万円をもらうことになった。

しかし、お金の遣い方がわからない上に、自分は元々大食い、下町生まれは気前もいい。学校帰りに友人たちを引き連れて中華料理屋へ。勿論全部自分のおごり。結局もらった小遣いも最初の2日で使い果たしてしまった。

さすがにこうなると自分も罪悪感があり親には言えない。どうするか？

入学して3日でクラス中の人に貸してくれと言い始めた。クラスの半分は「ないから貸せない」「お金の貸し借りは良くない」と言って貸してくれない。さすが進学校、この本に書いてきた通りを実践している。賢い。

ただ残り半分は貸してくれた。さらにその半分は無利息だったが、残りの半分

は闇金なみの利息だ。でもやっぱり中華料理屋でパーッという生活は止められず、結局何十人に借りては返してを繰り返し、困って親に打ち明けたときには自分でもビックリする額に。この時ばかりはえらく怒られたのを覚えている。でも何より今でも印象深いのが、同級生たちの利息の取り方の巧妙さ。天引き（利息の先取り）があったり、借用書があったり、闇金顔負けだ。さすが進学校、賢い?貸主が多かった。

FILE:14

低学歴・努力不足

他者のせいにするのは間違っている

自分のこれまでの経験から言うと、基本的に借金を負う人は低学歴の人が多い。誤解しないでほしいのは、学歴が高いから立派で低いからダメなどという意味ではない。高学歴でも借金の相談に来る人はいるし、どうしようもない奴もたくさん見てきた。ただ、割合で見ると学歴の低い人の方が多く、そういう人は、学校に行ってないから、いい仕事に就けず借金をしてしまうのは当然だし、弁護士費用を払う金もないと開き直るのだが、それはいかがなものかと思うのだ。

中には頑張れば高校、大学へ行けたのに怠けて行かなかったという人もいるだろうし、「つまんねぇ」とか「意味ないっしょ」のようなノリでやめてしまう人も多い。自業自得と言われても仕方がない。それを他者や社会のせいにするのは間違っている。今からでもやり直しは出来るのだ。

学歴批判と世襲批判の矛盾

余談になるが、例えば二世議員など世襲の政治家をけなしつつ、一方で東大出身の官僚から転進した政治家は情がないからだめだとか言う人がいる。世襲が努力もしないで政治家になるというのがけしからんと言うのであれば、東大に入って高級官僚になるのは努力しているからいいはずだ。学歴も一つの努力を計る指針にはなる。一体どういう議員ならいいのだろうと思う。

今は仕事に就くのに学歴なんか関係ないとよく言われるが、それを鵜呑みにするのもどうかと思う。いまだに採用条件欄に大学卒業と書いてある企業がほとんどだ。

また仕事柄様々な企業の人と話をするが、企業の採用担当者も出身校は重視するという。それは難関校を出た人＝優秀である、ではない。難関校にはそれなりの努力をしなければ入れない。その努力や忍耐力、根性を計る一つのバロメーターとして学歴を見ているのだ。

そして現実問題として、中卒程度の学歴だと就ける仕事も限られて、そのまま努力しないと階位も収入もなかなか上がらない。そして何かあったら簡単に首を切られ、職を転々とする羽目になる。それは明らかに損だろう。

本当に学歴は不要か

でもう年食っちゃったし、今さら学歴を身につけることなんて無理、と思う人もいるかもしれないが、そんなことは絶対にない。

以前、うちの事務所で働いていたアルバイトの職員は日大法学部卒業という肩書きだが、実際は高校を卒業して10年ほどサラリーマンを経験して、働きながら通信教育で法学部課程を修了したようだ。「ようだ」というのは、入所後まで気づかなかったからだ。採用側であった自分は全くの大卒（法学部卒）として扱っていた。

この彼のように大学に進学していないのであれば後から通信で大学の勉強をする方法もあるし、高校を卒業していなくても定時制へ通うとか、さらにその後大検で大学へ行く道もある。

だからもし収入が少ないのが低学歴のせいだと思うのであれば、今からでもいくらでもやりようはある。その努力も何もしないで開き直って不満ばかり言うのはその人のためにならないし、この先も同じことの繰り返しになると思うのだ。

自分の人生は自分で何とかするしかないのだから頑張ってほしいと切に思う。

FILE:15

心臓病・高血圧・糖尿病など

酒の怖さ――複合的に出ることも

病気で働けないから借金するしかないという人もよく来る。もちろん病気そのものを責めるつもりは全くないが、日々のだらしない生活が原因でなってしまったいわゆる生活習慣病で働けないというのはあまり同情できない。こういう病気は酒が原因のことが多い。

また、酒が原因で仕事を失ったという人も多い。酒を飲みすぎて翌日起きられなくて無断欠勤を繰り返す。最初のうちは注意で済むが、何回注意されても改善できず、減給され、最後にはクビになってしまったという人も実際にいる。

また、取り引き先の会社の人と飲んだ席で泥酔して自分の勤めている会社の機密情報をばらしてしまい、後で問題になって会社にいづらくなって辞めたという人もいる。

酒を飲むなとは言わないが、飲んで性格が変わる人は特に気をつけていただきたい。

断れる人は絶対「うかない」……一目置かれる人になろう

お酒そのものとお酒の席が好きならほどほどにした方がいいですよ、くらいしか言わないが、本当は行きたくないのだけれども付き合いでしかたなくとか、断ったら人間関係が悪くなるからという理由なら断固断るべきだと思う。

はっきり言って飲み会を断ったくらいで悪くなる人間関係など必要ないし、関係が悪くなるのはその人に原因がある。

例えば自分の友人（会社員）は同僚や友人によく飲みに誘われるのだが、子どもを理由に断っている。子どもはよく断る口実に使う人もいるし、逆にそんなの認めてもらえないという人も多いかもしれないが、その友人は単に子どもの面倒を見なければいけないということではなく、自分にとって子どもがもっとも大切な存在で子育てに命を賭けている、毎日ブログに子どもについて載せているし、子どもの毎日毎時の食べ物飲み物もツイッターで呟いていると言うと、みんな納得してくれるそうだ。

COLUMN:09

I君のこと

酒とは直接関係がないがもう一つ格好の例を思い出した。自分が通っていた開成高校は運動会はみんなで盛り上げるという伝統があり、練習も全員強制参加で行われる。参加しない者は非国民扱いされて強烈なバッシングを受ける。

同級生のI君はラグビー部のスターで運動会の実行委員としても重要なポストに就いた。本来、そうなれば部活よりも運動会の方に時間を割かなければならない。

しかしI君は運動会の準備をせずにラグビーの練習の方に行ってしまう。しかし周りからは非難も批判もされなかった。

I君はラグビーに日々並々ならぬ情熱を持って打ち込んでおり、選手としてもレベルが高いということをみんな知っていたからだ。みんなからすごく尊敬されていたからI君だけは非国民にはならなかったのだ。

自分も顧問先に酒やゴルフに誘われることが多々ありその都度、格闘技の練習があるのでとお断りするのだが、関係が悪くなったことは一度もない。

　このように普段からやることをしっかりやっていて一目置かれていたり、誰も反論できない理由があれば、断ったからといって付き合いの悪いヤツだなどと非難や批判されはしない。むしろ「あいつは別だから」というオーラがつくのだ。

　誘いを毅然と断れるだけの価値を身につければ無理して飲み会に参加して無駄な時間とお金を使い、体を壊して借金まで背負う、ということも防げると思うのだ。

FILE:16

うつ病

本当にそれはうつですか?

自称うつ病の人もよく来る。休日は元気なのだが仕事の日になるとうつで働けないという。そんなのは大なり小なり誰もそうなるもので、自分に言わせればうつでもなんでもなくただの怠けだと思う。

うつ病はカゼみたいなもので誰でもひくというから、そういう軽いのもうつなのかもしれないが……。

依頼者とは何回か自分の事務所で面談や打ち合わせを行うのだが、うつ病でよく仕事を休む依頼者は事務所にも来なくなってしまう。

約束の日時に来ないから電話をすると必ず家にいて理由を尋ねると、うつ病で気分が乗らなくて外に出られなかったからと言い訳をする。

うつ病だという人の中には衝動買いで借金を作る人もいる。カウンセラーが気持ちが晴れて楽しくなるからあなたの好きなことを思いっきりやりなさいと言って、高価なブラン

うつ病

ド品を大量に買い込むのだ。うちに来るこういう人はなぜか豹柄の服を着ている女の人が多い。

そしてやっかいなことに自称うつの人は嘘をつくことが多い。

以前、月収が20万円程度しかないのに洋服を毎月50万円ほど買っていて借金をどんどん増やしていったという女の人が相談に来た。

なぜ毎月洋服を50万円も買うのかと尋ねたら、池袋のサンシャイン通り付近で若者に拉致されて強姦されて、その後もしょっちゅう呼び出されて強姦された。自分が最後に強姦された日まで持ってた洋服は全部汚らわしいから捨ててしまった。だから洋服を買わなければならないと言う。

自分は本当の強姦事件を何件も見ているが、その話と比べてリアルさもないし整合性もない。細かいところの話になると聞くたびに話が違うので嘘だと思う。

どうしてそこまで無理して嘘をつく必要があるのかなと思うが、自称うつの人は自分を正当化するために嘘に嘘を塗り固めて身動きが取れなくなってしまう。

もちろん本当のうつの人もいるので精神科医等専門家に治療してもらうことが必要だし、過剰に買い物をしてしまうストレスの根源はどこかにあるはずなので、それを解消しなければ根本的な解決にはならないのは前に述べた通りだ。

睡眠と汗以外に対策は一切ない

うつだという人は酒を飲んでも解決しない。むしろ飲んだ翌日体調が悪くなってよろしくない。

個人的には自称うつの人の対策は寝ることと汗をかくこと以外ないと思っている。だからうちに来るうつだという依頼者には睡眠をきちんと取って、スポーツジムに行くように指導する。お金のない人でも公共の体育館なら数百円なので週に一度は通うように勧める。比較的お金に余裕のある人にはゲルマニウム温泉に行きなさいと言う。ゲルマニウムはかなり汗をかくし体の奥の方からよどんだものが出るような気がして、とても気持ちがいいのだ。

とにかくジムでもゲルマニウムでも半端な汗はダメだ。体の奥から湧くように出てきた大粒の汗、頭の中がハイになって何もかも忘れられるような放出感こそがうつを追っ払うのだ。

そうやって汗をかいて睡眠時間を取れば自ずと体調もよくなり、仕事にも就けるようになるといつも言っている。

戦時下ではうつはいない

よく言われていることだが、戦争中はうつ病の人はいなかったらしい。戦争中は気を抜くといつ命を落とすかわからないのでうつになっている暇がない。だから考えてもしかたのないことでいつまでもウジウジ悩まずに、自分のやるべきことを一所懸命やっていればうつになるひまがないと思う。

とにかく考える前になんでもいいから動けと言いたい。

FILE:17

会社の倒産

あなたは完全なる被害者か？

倒産したから失業して……という人も多い。そこまでは本当だが、就職の際、その会社をよく見ただろうか？　在社時に兆候はなかっただろうか？

まじめに生きてきたカタギのサラリーマン風なのだが会社や仕事関係で借金を抱え、相談に来るという人も後を絶たない。

まずは会社が倒産して収入が途絶えて借金してしまったというケース。

本人は自分のせいではないから仕方ないと完全に自分は被害者だと思っているが、自分はそうは思わない。

そもそもその会社の選び方に問題があったのではないか。その会社の実情をよく調べもせず、自分で作り上げた勝手なイメージや他人のいい加減な話を聞いただけで就職するのは自業自得といわれても仕方のない部分もあるのではないか。

そもそも倒産するような会社は必ず兆候がある。例えば資金繰りが苦しくなると税金未納や脱税の疑いで税務署が来たり、調査会社が入る。

また、取り引き先の会社から代金未納でクレームが入ったり、別の会社から訴えられたりする。

決定的なのは給料の遅配だ。もうこうなると倒産は秒読みだからさっさと辞めて次の会社に転職するべきなのになぜか動かない。

こういう人たちの話を聞いていてよく思うのは、どこかで誰かが何とかしてくれると思っているのではないかということだ。しかしそれは甘い。自分の身は自分で守るしかない。

これがわかってないと社会人としてどうかと思うし、へたをしたら転落のきっかけになってしまう危険性も大いにある。

EPISODE:07

ある「証券マン（笑）」の話

会社が倒産しただけではなく、その人自身も逮捕されたというケースもある。

自分の知り合いで、中卒で建築会社に就職して長らく建設作業員をしていたKという男がいた。

普段は作業着かTシャツにGパンといったラフな格好をしていたが、ある時、バリバリのスーツを着てうちに現れた。

Kのスーツ姿などもちろん初めてである。どうしたの？　と聞くと「証券会社に転職しました」と言う。でもよくよく聞いてみると証券会社ではなく先物取引の詐欺まがいのことをやっている会社だった。

やはり証券と先物の違いもわからないで入っていたわけだ。

その会社は倒産してしまったが、次にKが入ったのも同じような怪しげな金融会社だったが、よりタチが悪かった。東京近郊で有名な詐欺会社で主にお年寄りから金を騙し取っていたが、警察に摘発され最終的にはその会社の社長からKまで全員が逮捕された。

調べによるとお年寄り一人あたり３０００万円ほど騙し取っており、マスコミでも大々的に報じられた。

なぜＫが犯罪者にまでなってしまったか。もちろん勤めていた会社が倒産したせいもあるが、未経験のわけのわからない世界に入ってしまったからだ。実際Ｋは先物の「サ」の字も、金融取引のイロハの「イ」も全くわかってなかった。

Ｋは作業員より証券会社の営業マンの方が知的でカッコよく思えたのだろうが、憧れや勝手なイメージ、高収入といううたい文句に飛びつくとこういうことになってしまう。

FILE:18

仕事転々

転職回数が多いほど損をする

債務整理の相談に来る人は、ほぼ皆職を転々としていると言っても過言ではない。自己破産申請をする際にここ10年の職歴を書く必要がある。その欄は6行しかないのだが、とても収まりきらず別紙が必要になる人も少なくない。

業界ではアパレルとITが多く、職種では圧倒的に営業職が多い。話を聞くと勢いで転職してしまうという人がほとんどだ。

転職を繰り返す人は自分の能力に自信があるといった風な人が多いのだが、今のご時勢よほどの実力者か前の会社の給料が異常に安い場合でない限り、収入は落ちる。

さらに短期間で職を転々とする人はこらえ性がないとみなされる。つまり職を転々とすればするほど損になるのだ。

「転石こけが生えず」とは元々英語だ。お気楽なアメリカ人は「転がっていると色あせない、汚れがつかない」と説くが、正しきイギリス人は「転がっているとものにならない」

と正しくわかっている。

中には自分の能力を高く買われてヘッドハントされたと思い込んでいるが、在籍していた会社と人材紹介会社がグルで、リストラをしたいがためにヘッドハントを装うというケースもある。

当然新しい会社に移ったとたんに条件が変わり、周りからも冷遇され、じきに解雇される。こういう人が実際に相談に来るのだが、もう少し自分の能力を冷静に見て、地に足を着けた生活をしてくださいと言っている。

悪い噂を流される＆競業避止義務に注意

「発つ鳥後を濁さず」ではないが、仮に転職する際は退職する会社とトラブルを起こさないように注意したい。

特に同業界の競合他社に転職する場合、前にいた会社に恨まれていると、あいつは金をちょろまかしたからとか、セクハラ行為をしたから辞めさせられたなどという悪い噂を流されることがある。その結果、転職先の会社でうまくいかず結局辞めてしまったというアパレル業界の人がいた。

また、会社によっては機密情報や技術の漏えいを防ぐために、退職社員に競合他社への一定期間以内の転職を禁ずる競業避止義務を課しているところもある。これを破ると損害賠償を請求されたり退職金を減額されたりする可能性があるので注意が必要だ。

壁にぶつかっても踏ん張るべし！

ところで、実は単純に現状がつらくてすぐに会社を辞めてしまう人もいる。しかし考えてほしい。どんな仕事だってつらい部分はあって、時には誰しも壁にぶつかり辞めたいと思ったことはあるだろう。

しかしそこで踏ん張って乗り越えるからこそ仕事の喜びややりがいを得られ、その世界の職業人として成長もする。短期間で辞めたら仕事の喜びなど味わえないし、何より実力も身につかない。

会社を辞めて環境が変わると一瞬だけ楽になったり世界が新しくなった気がするが、それはあくまで気のせいで新しい環境もじきに慣れて色褪せたいつもの日常と化す。

そもそも仕事や勉強はつらいもの。だから辞めたいと思っても少し踏ん張って逃げずに頑張ってみてほしい。その辺のことは今年（平成23年）の7月に出版した『勉強法最強化

PROJECT　絶対合格の王道と近道』（エール出版）にも詳しく書いてあるのでご一読いただきたい。

最終的な「自分のゴール」を考えよう

自分は人生の過ごし方には2通りあると思っている。一つは大きな目的や目標などなくても日々楽しければその連続でいいという考え方と、もう一つは結果を重視する考え方だ。どちらが正解、不正解というわけではないが、自分は後者だ。平たくいえば目標を立てて、それを実現するために頑張るということだが、少なくとも死亡時に悪い結果だけは避けたい、日々多少我慢してもある程度の満足感や充実感を持って死にたいと思っている。

そう考えると当然夢ばかり追っていてはだめで、家族を養うにしても一定の収入は最後まで必要だから仕事も少しくらい嫌なことがあっても辞めるわけにいかない。

反対にその場限りの人に共通していると思うのが、芯のなさである。自分の人生や価値観にも1本通った芯がないし、仕事で多少嫌なことがあっても我慢して続けるといった芯がない。

言い方を変えると理想を追い求めすぎて、常に浮ついている。分不相応というか、自分の身の丈に合った生き方ができない。

目の前のその時々のことだけを考える人生ならば、辞めればとりあえずそのときは楽になるけれど結果的に苦しくなる。だから最終的に自分がどうなりたいかとか、どうなりたくないかということを考え、いつも意識して行動すればそれほど悪い人生にならないと思うのだ。

COLUMN:10

俺のアルバイト時代

毎度こんなオチで恥ずかしいが、自分も18～23歳の頃のバイト時代はひどかった。引越、チラシ配布、ファミレス、コンビニ、塾講師、家庭教師、ほとんど長続きしなかった。引越では敵意むき出しの社員がいたから、誰もいないところでそいつのポンポンにお膝を見舞ってやったら翌日タイムカードが無くなっていた。チラシ配布では空手で鍛えた大声でかなりの実績を残したが、気を良くして重役出勤していたらある日配布物がロッカーから無くなっていた。塾講師も高3の色白の女の子に付きまとったら秒殺でクビだ。1か所に4年勤めた妻からは今でもバカにされている。

まあ、こんな風にはならないようにということで、役立っているということにしておこう。

FILE:19

自腹接待・部下へのおごり

始まりは経費削減

管理職になると部下におごるために借金をする人がいる。

居酒屋やパチンコの店長に多いのだが、店員やアルバイトを引き連れて飲みに行き、その飲み代すべてを自腹を切って払う。会社が出すのを嫌がるからだ。

そのうちお金が足りなくなるから消費者金融から借りておごり続ける。

部下は「さすが店長は気前がいい」とおだてるが、借金を返せなくなって会社に返済の電話がかかってくる。すると人間というのは冷たいもので、上司はもちろん今までおだてていた部下も誰もかまってくれなくなり、居づらくなって結局会社を辞めてしまったという人が実際に相談に来たことがある。

所詮は自分も楽しくなりたいかチヤホヤされたいだけ

結局金で機嫌を取っていた人間は、金がなくなると離れていくものだ。

おごってチヤホヤされると偉くなった気になったり、自分自身もスカッとするのかもしれないが、それは勘違いに過ぎないのでお金の使い方は間違えないようにといつも言っている。

商品サービスの高価値化＋自らの付加価値化を

キャバクラで借金を作る例でも触れたが、営業マンは取り引き先の接待で借金を作るケースも多い。

接待もある程度は必要だが、優秀な営業マンは接待のみで成績を伸ばしたりはしない。顧客の身になって顧客のニーズを的確に把握し、抱えている問題を解決し、業績アップに貢献できる営業マンなら顧客の心はがっちりつかめる。そういう人は顧客の声から改善した商品を開発でき、さらに客の信頼を得る。そうすると客は商品ではなくその人を買うようになり、その人自身がいわば会社全体の価値と同じくらいの価値を持つようになる。

無理な接待をすれば自分が破滅するのは確実なので、その前に顧客から必要とされるように自分自身の価値を上げることに投資しよう。

FILE:20

起業

起業家にも2種類いる

起業して失敗して自分のところに来る人も山のようにいる。

ある統計によると日本の場合、起業して1年以内に倒産する会社は60%、5年以内が80%、10年以内が95%となっている。このように日本で起業して生き残っていくのは非常に厳しい。

これまで債務整理の相談に乗ってきた経験から言うと、起業する人には2種類いる。能力があってサラリーマンでいるよりもっと稼げるから起業する人と、そもそも会社に入れなかったり組織の中で浮いてしまうから社長になろうとする人の2種類で、後者の方が圧倒的に多い。

自分は基本的にアメリカは嫌いなのだが、一つだけいいと思うのは起業する人はMBAを取得したり経営者になるためのそれなりの努力をしている人が多いということだ。

日本の場合はMBAって何ですか？　という人もたくさん起業してしまう。もちろん起業は日本経済の活性化にもつながるので増えてほしいのだが、ふさわしい人があまりにも少なすぎるというのが実感だ。

そもそも会社の中で実績を残せない人が起業してうまくいくとは到底思えない。

宮仕えと肩書き――ある広告マンの話

経営者になるための努力もせずに自らの能力を過信して大企業を辞めて独立して失敗、というケースもごまんと見てきた。

ある大手広告代理店で食品系の広告を担当していたＳ氏は食品会社やレストランに顔が利き、多くの下請けも列を成してＳ氏に頭を下げに来ていたのでフードコンサルタントとして独立した。

しかし仕事が全く来ずにそのうち貯金も使い果たして借金生活に。最終的に自己破産の相談に来た。言っちゃ悪いがＳの食の知識など、関係者におだてられ自腹も切らず、フレンチ・中華・ワインを暴飲暴食しただけだった。

大企業の社員にありがちな典型的な勘違いパターンだが、サラリーマン時代Ｓ氏が大きな顔ができたのはＳ氏自身の実力や人柄のせいではなく、大企業の看板があるがゆえだった。

チヤホヤされていたのは「○○広告社の」S氏だからこそだった。そこをS氏は見誤った。社名が取れたらただの人だ。

こういう、大企業から独立したはいいがすぐに破産してしまう人は掃いて捨てるほどいる。独立を考えている人は、今の状況が本当に自分の力によるものなのか、会社の看板のおかげなのかよく考えてほしい。

失敗の原因は「準備不足」に尽きる

脱サラしてそば屋を始めたはいいがすぐに行き詰ってつぶれるという人も後を絶たない。お決まりの理由がいくつかある。

まずは①そば屋に関する勉強、研究、修行が不十分。とにかくまずいソバも多いし、ソバはまあまあでもツマミがいけてないのだ。つまり、いきなり畑違いの異業種から転向してもダメということ。②開店・運営資金不足（十分な資金が起業には必要ということ）。③協力体制の不備（最初のうちは家族に手伝ってもらうしかないのに根回しがされていない）。つまりは準備不足の一言に尽きる。

これはそば屋に限ったことではなく、どんな業界、業種で起業する際にも当てはまることだ。

「運転資金」は「終業資金」

ところで、起業に失敗したことで借金を抱えてしまった元社長に、なぜ借金したのですか？　と聞くと、たいてい納税資金か運転資金のためと答える。

しかし納税資金といっても、税金は会社の儲けの一部を取られるだけなので、理屈上は必ず払えるはずだ。全く言い訳にならない。なのになぜ払えないか。

従業員の給料など必要経費を払った後の儲けを全部自分で使ってしまうからだ。自分に言わせるとその時点でもう経営者として失格なのだ。

また、運転資金が足りなくなって…という人の中には、いきなり起業した翌月の従業員の給料が払えなくて借りてしまう人がいる。

普通、起業してからしばらくは赤字と想定してその間の運転資金を確保してから起業するものだ。こういうことは小中学生にもわかりそうなことだが、最初から経営計画も何もあったもんじゃないという人も実際多い。

安易な起業の場合、負債額は700～800万円というケースが多い。中には起業1年目から300万円借りて3年目にまた足りなくなって300万円借りるというむちゃくちゃな元社長もいる。

一人だけで起業するならまだしも、従業員を雇うということはその人たちの人生も背負うということだ。

安易に起業すると自分ばかりではなく他人の人生まで棒に振らせることになるので慎重に考えてもらいたい。

COLUMN:11

異業種交流会の実態

今は異業種交流会がはやりだそうだが、こういう会には出来損ないの社長も多い。

本来はあまり好きではないのだが、顧問先の社長に誘われて断りきれずある会に参加したところ、ハッタリ社長がたくさんいた。

実際にその異業種交流会で知り合った社長から仕事を請け負ったのだが、借金まみれで7万円の弁護士費用が一括で払えず毎月数千円の分割で20回以上かけてようやく支払いを終えた。

これ以外にも、普段は偉そうにしていながらケチで二次会・三次会へ行くと金払いのよくない自称社長が山のようにいた。そもそも本業で忙しい社長は異業種交流会などに顔を出して油を売っている暇などないはずだ。起業するなら、お金・人材以外に時間も有限なのだ。

FILE:21

離婚・家庭不和・別居

気が合わない？　性格の不一致？　罵倒された？

プライベートな事情で借金を抱え相談に来る人も多い。もっとも多いのが離婚だ。相談を受ける際に離婚の理由も当然聞くが、その理由が首を傾げざるを得ないものばかりなのだ。

よくありがちな理由が性格の不一致とか価値観の相違。或いはただの口げんかを「バトウ」とか「モラハラ」とか騒ぐ奴。しかしそんなのは親子間にも学校にも職場にも、どの世界にもいくらでもあるだろう。

そんな理由でいちいち離婚していたら日本中離婚だらけになってしまい、さらに借金を増やす人がどんどん増えてしまう。

この人たちは先に述べた、すぐ転職してしまう人と通じるものがある。要するに我慢ができない、こらえ性がないのだ。

「二人だけの問題」？

子どもがいない夫婦の場合、せっかく周囲の人間やお互いの親たちが考え直せとなだめすかして説得しようとしているのに、「離婚するかどうかは二人だけの問題だから二人で決めます」と突っ走る夫婦がいるが、これもどうかと思う。

確かに法律上は二人の問題だが、結婚するときにはお互いの親から許しをもらい、周りの色々な人から祝福されているわけだから、別れるときだってお互いの親はもちろんのこと紹介してくれた友達や応援してくれていた仲間など、色々な人の意見に耳を傾けるべきだろう。

そうせずに二人だけで生きているみたいな身勝手な考えの人はいつか手痛いしっぺ返しを食らうと思う。

戦前の家長は良かった

昔の日本は家の中には絶対的な権力を持つ家長がいて、結婚も離婚も家長の鶴の一声で決まっていた。

ある意味自由が奪われている気もするが、一方でいつも気にかけてくれて冷静に自分たち家族を見てくれてる人がいるということでもある。

昔の古きよき日本の制度もときには見直すべきではないだろうか。

我がままカップルをみているといつもそう思うのである。

家庭不和——住居費2倍のムダ

離婚はたいていの場合、その前段階として別居を伴う。その間は妻や子が暮らす本宅と自分の方の家の家賃や生活費など二重に費用がかかる。

中にはここ2週間ほどビジネスホテルに泊まっているという人もよくいる。さらに愛人がいたりするとよりいっそう出費がかさんでしまう。

それで借金がモリモリ膨らみ始める人がたくさんいる。

EPISODE:08

某役員の華麗で悲惨な二重生活

以前、某大手メーカーの役員で二重生活でお金がスッカラカンになり、1500万円の債務を抱えるはめになって相談に来たBさんという人がいた。

その会社は業績によって年収の上下が激しく、Bさんは年収が一番高いときの生活をずっと続けていた。

本宅の別居中の奥さんと子どもにもたくさんのお金を送り、愛人ともかなりのぜいたくな暮らしをしていたため給料だけではとてもやっていけなくなり借金を始め、消費者金融等20社から計1500万円に膨らんだところで債務整理の依頼に来たのだ。

大手企業の役員という立場上、破産もできないのでひたすら長期分割で返す任意整理という方法を取った。任意整理とは消費者金融と交渉をして金利をゼロにしてもらい、元金だけを返す方法。とはいえ元が大きいから月々の支払いは50万円近くになる。

ちなみにこのBさんは腰の低い良い人だったが、このような愛人を作って浪費するようなタイプはどちらかといえばインテリでプライドが高い。だからこちらのアドバイスを素直に聞かず苦労することが多い。

仮に愛人や浮気相手がいなくても家族と別れて一人で別居となると、寂しさを紛らわすために高級クラブに通うようになったり、酒の量も増えたりしてどんどん出費が増えていく。結局離婚までいかなくても、家庭不和になっただけで経済的にはマイナスになってしまうのだ。

離婚による出費　裁判費用もしゃれにならない

いよいよ協議離婚をするとなるとその費用もバカにならない。離婚の調停と裁判をやれば弁護士費用を含めて１００万円ほどかかってしまうのだ。さらに男の場合はそこから慰謝料や養育費がかかる場合がある。

そもそも男の場合は、この弁護士費用を払えずに、もしくは払ってしまってスッカラカンになって借金が始まることも多い。

さらにこういうときは気持ちがクサクサしてるからお酒の量が増えたり、それでさらに借金が増えたりと悪循環に陥るパターンが多いので、よほどのことがない限りは安易に離婚などは考えず、なるべく円満にやっていく方法を探った方がお互いのためだと思うのだ。

COLUMN:12

担当弁護士の性別による意外な相性

余談だが、世の中の人は離婚の相談をするなら同性の弁護士の方がより自分の気持ちがわかってくれそうだと思いがちだが、これは全くの逆。夫なら女性弁護士、妻なら男性弁護士に相談するのをお勧めする。なぜかというと同性は気持ちをわかってくれるのではなくて、自分と比べてしまい説教をしたくなるからだ。自分ならそんなことはしない、あなたが悪い、とこうなる。

女同士は特に最悪だ。すべてがそういうわけではないが、女性弁護士の中には、腹の底で専業主婦をバカにしている人もけっこういる。あなたが働いていないから、自立していないからだめなんだとか、そういう話から始まってしまうので、大体女性の依頼者は嫌な思いをする。

逆に異性のことはどうせ考え方がわからないから弁護士も説教めいたことは言

えないし、客観的に判断してアドバイスができる。

自分自身も家庭像に対して厳しい考えを持っているので、男の依頼者にそれはあなたが悪いとつい言いたくなる。

結婚後に豹変する人たち

借金や離婚の相談に来た男の人は結婚する前に奥さんに言った家庭像を後から勝手に変えてしまう人が多い。

例えば結婚する前は奥さんには家にいてほしいと言ったくせに、結婚後何年かすると奥さんが家でダラダラしてるように見えてきて、仕事している女と不倫をしてしまう。

逆に奥さんに仕事していてほしいと言ったくせに、何年かすると家に奥さんがいないから不満だと外に女を作ったりする男もいる。

こういう話を聞くと男なら最初に言ったことは守れよとつい説教したくなるのだ。

新日本型家庭像のススメ

では円満な家庭を築くためにどうすべきか。

今までは「専業主婦家庭→男がやたらいばる・金を男だけが自由に遣う、共働き→女のでしゃばりがキンキン騒いでる」、こんなイメージがあったが、新たな道を示しておこう。

まず奥さんが専業主婦の場合、誰のおかげで食えてると思っているんだという感じで上から目線で接している夫が多いが、この状態が最悪なので改善する。

そもそもそんなことを言ったら誰のおかげで家の中が回っているんだという話になる。そういうスタンスを改めるだけでギスギスした関係や冷めた関係は減り会話も増える。経済的には以下の通りにする。

うちの妻も専業主婦なのだが、お金に関しては自分が稼いだお金の中から一家の生活に必要な経費を抜いたら、あとは自由に使える小遣いとして二人で折半している。これがおススメだ。

そうすると経済的にも対等になるから、片方が経済的優位性を元に精神的に支配するという関係ではなくなる。

そうなると、何かの原因でケンカしたときでも、すぐ誰のおかげで食えてると思ってるんだとか家から出て行けというくだらない話にはならない。

専業主婦家庭でも夫婦の間に上下があるような関係ではなく、対等な関係を築くことは十分可能だし、そうすれば簡単に別れることもなくなると思うのだ。

共働きの場合でもお互いの収入を一度合算して、必要経費を引いた残りを再び二人で折半すると一体感を維持しつつ、平等感も保てるのでいいと思う。別財布なんて論外だ。

子どもにも必ず傷は残る

離婚と借金で相談に来る女の人で、離婚した結果、子どももスッキリしてるんですよと言う人がよくいるのだが、本当にそうかなと思う。

うちも子どもが一人いるのだが、やはり自分や奥さんのどちらかと一緒にいるとき以上に家族3人でいると楽しそうに見える。めちゃくちゃ奇声を発して騒ぐのだ。

そもそもどちらかの親と離れ離れになることで傷つかない子どもなどいるわけがない。たまに親が打ち合わせに子どもを連れてくることがあるのだが、子どもはどこか沈んでいるというか、どこか少し人間不信になっているように見える。

やはり子どもにとってはお父さんとお母さんとみんなで一緒に暮らす方がうれしいに決まっているのだ。お金には関係ない話だが、子どものためにも家族仲良くは絶対に必要だ。

FILE:22

収入に見合わない子だくさん

子だくさんは本来いいことなのだが……

現在日本が抱えている深刻な問題の一つに少子高齢化がある。このまま子どもが増えなければ働き手が減り、税収も落ちるから確実に国力は低下する。だから子どもはたくさん生まれた方がいいのだが、現実問題として子どもを育てるには金がかかる。中にはそれで借金を抱えてしまう人もいる。

ご主人が相談に来る場合の借金額はだいたい400万円前後。離婚して女手一つで沢山の子を育てているお母さんの場合は200万円台が多い。

よく相談に来るのが子だくさんの家庭の親。

確かに子ども手当てがもらえるとはいえ、子どもが多いとやっぱり経済的にはかなりマイナスになり、借金の理由は子どもの養育費のためと口をそろえて答える。

自己破産の手続きをするときに家計簿をつけなくてはならないのだが、月に子ども一人あたりの食費が2万円ほどかかると、単純計算で5人で10万円、夫婦入れて6人家族で食費だけで月に12万円になってしまう。

それプラス学費や洋服代となるとかなりの出費になるが、そういう家庭の世帯収入は約20万円がほとんど。子だくさんの家庭ほどなぜか平均より低い所得であるケースが多い。

そして子どもが多すぎるとその世話でいっぱいいっぱいになって奥さんが働きに行けない。だから解決方法として奥さんのパートを増やして、夫婦一緒に返済しましょうという提案ができないのだ。

中には自己破産申請の準備をしている間にまた子どもが増えたという笑い話のようなケースもあった。

子どもをたくさん生むのはいいことだが、きちんと育てられるだけの経済力がないと結果的に子どもが不幸になってしまうので「明るい家族計画」（懐かしい！）はやはり必要だと思う。

「出産費用で借金」は本当にありうるか？

子だくさんで債務整理の相談に来る人は、だいたいみんな出産費用が足りなくて借金せざるをえなかったと言うが、出産費用は後日国から戻ってくる。

そのとき出産費用がなくて、一時的に親族や周りの人から借りたとしても、後日国からお金が戻ってきたときに返せばいいし、サラ金から借りたとしても利息分だけ後で追加して返せば同じことだ。

それにも関わらず出産費用から借金が始まったと言うのは、国からお金が戻ってきたときに何か別のことで使ってしまったとしか考えられない。「出産費用で借金」は嘘なのだ。

このままでは出産以外のことでも失敗すると思うので、こういう経済観念は考え直そうといつも言っている。

FILE:23

意味のない教育

英語教育なんてほとんど意味がない

確かに教育は大事だ。自分も子を持つ親として教育にお金をかけたくなる気持ちも十分わかる。だが今それが本当に必要なのか？　と疑問に思うような教育に金をかける人が多い。

その代表格が英会話。自己破産の手続をする際、買ってしまったローン中の物は車と同じように返さなくてはならないのだが、英会話教材だけは返さないと言い始める人がいる。教材の価格は30万円とこれまたいいお値段だ。

もう何十年も前からこれからの国際化社会では英語が話せないと生き残っていけないと言われてきたが、一向にそういう時代は来ていない。

実際自分も仕事で英語が必要になったことなど一度もない。もちろん商社や貿易、外資系企業など英語が必須の会社もあるし、英語ができるに越したことはないが、すべての会社で必須とまではいかないだろう。

必須の会社に就職しても真剣にやれば仕事をしながらでも英語力を身につけられるし、むしろ実践的な場で勉強した方が覚えは早いだろう。

なぜかインターナショナルスクールに行かせたがる親たち

また、子どもを国際スクールに通わせているからお金がないという親もいる。その人はどう見ても日本人なので奥さん（だんなさん）が外国人なんですか？　と聞いても、お子さんは帰国子女なんですか？　と聞いてもどちらもノー。

親は今は国際化の時代だからとか、「子どもも生き生きと通っている」とかいうが、果たして借金までして国際スクールに通わせる意味があるのだろうか。

また子どもが高校、大学に上がると海外留学に行かせたがる親もいるが、どうしてお子さんを留学させたんですか？　と聞くと、大体の親が「子どもが留学して視野を広げたいと言ったから」と答える。さらにその先はどうするつもりだったんですか？　と聞いても、「いや、とりあえず視野を広げれば」と同じことを繰り返すばかり。要するにその先は何も考えていないのである。

高額な留学費用をただ視野を広げるためという理由だけで借金までして集めるのはいか

がなものか。せめて「将来英語を使う仕事がしたいから」など子どもに留学させる目的をある程度明確にさせるべきではないだろうか。

そもそも「子どもが楽しそうだから」とか「子どもが〜したいと言ってるから」といってうのみにするのはバカだ。子どもなんてその時々であまり考えず願いをいう。「プロ野球選手になりたい」「アイドルになりたい」「宇宙飛行士になりたい」、一々１００％付き合っていたらキリがない。もし子どもが「ガンダムのパイロットになりたい」といったらどうするんだろう？　モビルスーツを買ってやるのかな？　今の子どもにとって少し背伸びすれば良い訓練になるもの、又やらせておけば将来応用のきくものをやらせるのが親の務めではないだろうか。

ちなみに、やれ留学とか国際スクールとかいうが、単に英語がしゃべれるのは国際人とはいわない。外国にかぶれ、ろくに教養もないのに横文字を並べるのは、青いサル又は売国奴という。本当の国際人とは、自国の歴史、文化、政治をしかるべき時期にがっちり学び、それをしかるべき場では外国語で堂々と話せる者をいう。『国家の品格』の著者、藤原正彦氏などのことである。

目的のない専門学校もお金の無駄

目的を明確化すべきという意味では専門学校も同じだ。せっかく専門学校に通って専門的な勉強をしたはずなのに、関連した仕事に就いていない人も多い。

例えば美容師を育成する専門学校を卒業しても美容師になっていない人はごまんといる。こういう人の多くは大学へは学力不足で行けない、かといって就職するのも嫌だからその職業に就く気がないけどとりあえず専門学校に行くという感じなのだろうが、それこそお金の無駄遣いだ。

無駄な借金を増やさないためにも、親は子どもと進学についてもっと話し合うべきだろう。

FILE:24

ひどい家庭環境・本当のいじめ（激しいＤＶ・熾烈なパワハラ・執拗なセクハラ）・介護・災害

確かに気の毒な人もいる

債務整理の依頼に来る人のうち相当な率の人はこらえ性がなかったり、見栄っ張りだったり、芯がなかったりするがために借金を作るが、中には本人の力ではどうにもならない、不可抗力的なことが原因で借金を作ってしまう気の毒な人も確かにいる。

パワハラとセクハラ

仕事を辞めて無職になったことで借金をしてしまう人の中には、自分の意思やこらえ性不足ではなく辞めざるを得なくなった人もいる。

その理由の一つが常識外のパワハラだ。30代から40代で、1日8時間の勤務時間のうち7時間ほど上司からクズだとか虫けらだとか怒鳴られて、そのうち精神を病んで会社に行けなくなって辞めてしまったというケースが多い。

そういう人たちは再就職しようとハローワークに行くのだが、いざ面接に行こうとすると前職の記憶が蘇ってくる。今度の会社でもまたパワハラされるのではないかと思うと足がすくんで結局行けずになかなか再就職できない。

同じく上司からシャレにならないセクハラで辞めざるをえなくなった女性の依頼者も多い。

介護

家庭の事情で仕事を辞めざるをえない人もいる。多いのが介護だ。

過去に相談に来たのは、働き盛りの40~50代の男の人で親の介護のために会社を辞めざるをえなくなり、働けるのは親が寝てる2時間だけなので収入が激減という人。

もっと早い段階で介護施設に入れることができればよかったが、今となっては手元にお金がなくなったのでそれもできず借金せざるをえなくなったと語っていた。

災害

今回の東日本大震災などの災害も自分ではどうすることもできない。

被災者の中にはまだローンが残っている家が津波や地震で住めなくなった結果、二重ローンを余儀なくされ、借金生活に陥ってしまったという人も多い。

こういう場合でも銀行は基本的に返済免除などの措置を取ってくれないので被災者にとっては非常に厳しい情況となる。

必ず解決手段がある

しかし、だからといって人生を投げ出してはいけない。急場をしのぐ解決手段は必ずある。

例えば行政の福祉。市区町村の役所へ行けば生活保護を受けられるし、東京23区の場合はブラックリストに載っているような人でも緊急的な措置として20～30万円ほどお金を貸してくれる場合がある。似たような制度はどの市町村にもあるはずだ。

こういう情報は意外に知られていない。また長年借金をしている人でも債務整理をすると借金がなくなるばかりか過払い金を取り戻せるというケースもある。

実際に借金が数百万円に膨れ上がって相談に来たときはもう自殺するしかないと言ってた人が、債務整理することにより過払い金が５００万円ほどになり、回収して今楽しそうに暮らしてる人もいる。

法テラスも頼れる強い味方

弁護士費用を払うお金がないから弁護士に相談できないと思っている人も多いかもしれないが、そんなことはない。

収入が少ない人の場合は法務省の管轄団体の「法テラス」に頼むとまず法テラスが弁護士費用を立て替えてくれるので、依頼者は法テラスに少しずつ分割で返済していけばよい。

その弁護士費用も、法テラスを経由すると一定の条件のもと格安になる。

通常、自己破産処理にかかる弁護士費用は30万円が相場だが、法テラスに頼むと15万円で済む。刑事事件における国選弁護人のようなものだといえば想像がつきやすいだろうか。

しかし我々弁護士にとっては厳しい。通常の相場の約半額で業務を行わなければならないからだ。正直赤字だ。もちろん法テラスからの依頼を一切受けないという弁護士もいる。

しかし自分は困っている人を助けるのが弁護士の使命の一つなので、受けるのは義務だと思っている。それに自分を客観的に見たときに、困っている人を助けない自分はかっこわるいというかみっともないと思うからだ。

もちろん、一生を自分に託している家族を養うこと、人生の時間の一部を自分にくれた事務所の従業員の雇用を守ることは非常に大事であるから、そういう事件が全部とか過半数、というわけにはいかない。しかしかといって、利益が出ない事件を拒んではいけないと思うのだ。

EPISODE:09

ひどい家庭環境具体例――児童虐待

時には聞いているのがつらくなるほどひどい家庭環境に育った人もいる。

年齢は20代半ばなのだが身長は140センチほどでおそらく体重も30キロ台という、明らかに発育不良だとわかる女性Fが相談に来たことがあった。

抱えていた借金は150万円。なぜお金を借りたのかという質問から彼女の生い立ちの話になったのだが、これが壮絶だった。

Fは幼い頃から満足に食事を与えられていなかったばかりか、実の父親に強姦されていた。18歳になったとき実家を逃げるように出て上京したが、身寄りもないので仕方なく風俗に勤めるようになった。その風俗も通常の風俗ではなく、店から本番を強要されるようなヤバい風俗だった。

しかしなかなか売り上げが上がらず、その間の生活費として消費者金融からお金を借りて、それが段々膨らんで150万円に達したというわけだった。

だったらもっとまともな職に就けばいいと普通の人は思うかもしれないが、Fは満足に教育を受けさせてもらえなかったので、いわゆる普通の職探しができなかった。

風俗の仕事もたまたま上京したてのときに転々としていたネットカフェで知り合った人に教えてもらったそうだ。

Ｆは自己破産手続きをして借金を帳消しにしたのだが、普通の人ができることができないので大変だった。

自己破産をするにもいろいろな書類が必要なのだが、Ｆは自力で集めることができないのでうちの事務職員が代わりに区役所へ行って住民票を取ってくるなど、ほぼつきっきりで面倒を見た。

弁護士費用も自力では払えなかったので法テラスを利用させた。説明してもなかなか理解してもらえなかったので大変だったが。

最後に、前述した困ったときにとりあえず頼るべき窓口や方法を教えて別れた。

このように困ったら取りあえず弁護士に相談してほしい。人生をやり直せる方法はいくらでもあるのだ。

FILE:25

クレジットカード

クレジットカードは魔法のカードにあらず

世の中にはカードで買い物をしすぎて自己破産するいわゆる「カード破産」に陥る人がたくさんいるし、実際、当事務所でもそういう事件をたくさん扱っている。つまり、ギャンブルとか明確な使い道もないのに、カードで日常のキャッシングやショッピングを安易にするのだ。

この仕事をする前から、自分はクレジットカードが大嫌いだ。若い頃から嫌いで現在に至るまでに1枚も持ったことがない。カードを持っていないのは自分だけではなく、妻はもちろんのこと一族郎党すべてだ。血筋なのかもしれない。自分は元々機械が苦手ということもあるが、どこまでも便利さを追い求める世の中の風潮が嫌いなのだ。

そもそも現金を払わずに物が買えるとか、全額支払ってないのに物が手に入るなんて単純に考えておかしいとは思わないだろうか？　自分は例えば何十万円もする買い物でも現金で払う。まずそれを買うために頑張って貯金することに喜びがある。そして支払いのときのあの緊張感、店員さんに1万円札を何十枚も渡すあのときの感触を大切にしたいのだ。そうすると買った物も大切にする。いいことづくめだ。

それに加え、仕事上、異常にカードにこだわる人や破産寸前のくせに高収入の人しか審査がおりないカードを持っていることを自慢する人、何度説得してもカードが人生のお守りと言って手放そうとしない人などをたくさん見てきたので、ますますカード嫌いに拍車がかかってしまった。

なぜカード破産がこれほど多いのか。カードを持っていればそのときに現金がなくても限度額以内なら何でも買えてしまう。そしてやがては身の丈以上の物を買いまくってしまうからだ。

しかしクレジットカードは魔法のカードではない。当然支払わなければならないし、ローンにすれば当然利息もつく。つまり、カードで物を買うということは借金をしているのと同じことなのだ。ここを理解していない人があまりにも多い。

買う物で特に多いのが家電。20~30万円もする高級家電を月に何台もローンで買ってしまう。一つだったら月に数千円で済むが、それが重なると月に10万円ほどの支払いになり、結局払いきれずに破産してしまう。

カード破産で相談に来る人にカードを作ったそもそものきっかけを聞くと、街で勧誘されたとか勤め先の会社の提携銀行だったからなどという人が多い。

次に、なぜカードを頻繁に使ったのかを聞くと、そのときお金を持ってなかったがカードは持っていたからと答える。この答えには唖然とするほかないが、こういう人たちは持っていれば使うので、だったら最初から持たない方が安心だ。

収入のある人はその範囲内で買い物をすればいいと思うのだがそれができない。

子どものころ、うまい棒をローンで買ったか？

カードの恐ろしさは消費の先食いができることだ。だいたいみんなこれにハマってしまう。前述した、高級車を何台も買って自己破産してしまう人も同じなのだが、その人の収入など客観的に見て返せないのは明白なのに、平気で無茶なローンを組んでしまう。

子どもの頃を思い出してほしい。自分のお小遣いで買えない物は我慢したはずだ。うまい棒を買う金がないからといってローンを組む人はいないだろう。どうしてそういう当たり前のことを大人になるにつれていつの間に忘れてしまうのかなと思う。

EPISODE:10

5年前、「5年後はカードがないと買物ができない」と言われた（怒）

約5年前、ジャニーズ系のいわゆるイケメンで全身ブランドづくめの男が相談に来たことがある。一流企業に勤めるサラリーマンで年収も平均以上だったが、カードで買い物をしまくり数百万円の借金を背負ってしまった。

債権者からの取り立てなどで精神を病んでしまい2年ほど休職したが、親の勧めで相談に来て自己破産の手続きをし、借金はチャラになった。

しかし最後の日にいつもどおり「今後カードは何年間か作れないけど、生きていくためにカードなんかいらないんだから、今後は身の丈に合った生活をしてくださいね」と言ったら、「先生は世間に疎いから知らないだろうけど、5年後にはカードがないと生活できない世の中になりますよ」とすごく嫌味ったらしく言い放ったのだ。

それから5年以上経つが、そんな世の中にはなっていない。今でも高級料理店ではカードが使えない店なんてごまんとある。

日本の場合は現金だけで暮らしていけないということは今後もありえないと思っているので、自分はこれから先もカードを持つことはないだろう。

カード教（カード狂？）という宗教

当然自己破産したらしばらくはカードは作れないが、そのことで文句を言ってくる人もいる。

自己破産とは自分でお金の管理ができない、お金を借りても返す能力がないと烙印を押されることなのだから、再びすぐカードなど作れるわけがない。こんなことは少し考えればわかりそうなことだが、それがわからないほどカードに依存してしまっているのだ。

こういう人たちはカード教の信者といっても過言ではない。実際、信者の中にはカードをお守りと言い張る人もいる。

特に中年の女の人に多く、旦那さんと離婚していて子どもや親戚との関係も希薄。友達も少ない。要するにいざというときに頼れる人が誰もいない孤独な人だ。だからなのか、自分を守ってくれるのはカードだけだと言い放つ。

だけどちょっと待ってと。そのカードは使った後で必ず請求が来るし、利息もつくんですよと言っても「それは後の話だから」と聞く耳を持たない。もしカードが本当にあなたを守ってくれるお守りならそもそも今日ここへ相談に来てないのではないのですか、と言うと、「人に行けと言われて仕方ないから相談に来たんです」みたいな返答で、もうどうにも助けようがない。自分の頭で考えることを放棄している。こういう人を見るにつけ新興宗教の信者とそっくりだと思うのだ。

「回していく」――一生の負債

カードで負債を抱えている人たちはだいたい複数のカードを持っている。そして「カードがあればうまく回していける」という発想だ。

つまりA社のカードでB社の負債を払えば問題ないと思っている。しかし、当然のことだがこれでは永遠に負債は減らない。10年後、20年後も負債が残る。

こういう話をしても「まあ、借金が残っていても回っていればいいんじゃないんですかね」という答えしか返ってこない。

しかしもっと後、80歳になっても同じように回していけるのか。そこまで考えられる人は少ない。そこで気づく人は立ち直ることができる。その分岐点となるのがこの部分なのだ。

借りることと金貸しの恥ずかしさ――過払い金とサラ金倒産への思い

自分の世代は幼い頃から親に「他人からお金を借りてはいけません」と耳にタコができるほど言われてきた。時代劇でも金貸しは悪者だし、ドラマでも小説でもサラ金は社会悪として描かれている。子どもの頃は金貸しからお金を借りたら悲惨なことになるから絶対に借りてはだめだと思うはずなのだが、大人になるにつれて借金をすることに恐怖感や罪悪感を感じることもなくなり、平気でサラ金から金を借りてしまう。

成長過程でそうなってしまうということは子どもに対する教育に問題があるのだとも思うので、親や学校の先生はしっかりと教育してほしい。

お金を借りることは恥ずかしいことだし、貸すこともかっこいい商売ではない。そんな素朴なことを思いだせば、みんな安易に借りたりしなくなるのではないだろうか。

世の中にサラ金など必要ない

債務整理では債務者の借金を帳消しにするどころか、法律が定める金利以上の利子を払わされていた場合はその分を何年にもさかのぼって取り戻せる。そんな仕事をしているのでよくサラ金業者が突然事務所にやってきて「このままではうちは潰れます。過払い金の請求をなんとか半分にして下さい」と泣きついてくることがよくある。それはできないと言うと「先生は金貸しがこの世からなくなればいいと思っているんですか？」と聞かれるので、「金貸しは本来日本人のメンタリティに合わないと思っているので、自分は要らないと思ってますよ」と常に答えている。

つまりお金とは借りるものではないと思っているからサラ金なんていらないということだ。

そう言うと自分の存在意義を全否定されたサラ金の担当者は怒って「先生は共産党なんですか」と言うが、冗談ではない。自分はむしろバリバリの右寄りの愛国者だ。毎年靖国参拝も欠かさない。そういうことではなく、そもそもお金を貸すことを生業とする実体のない商売そのものが気に食わないのだ。ただ、サラ金が倒産したら従業員が仕事を失って、その奥さんと子どもが苦しむのは気の毒だと思う。

そんなことを話すとサラ金の担当者も一所懸命本音で喋ってくれる弁護士だと思うようで、あんまり悪くは思われてないらしい。

「サラ金があって助かった」は結果論

確かに銀行による貸し渋りのせいでサラ金から金を借りる中小企業の経営者もいる。だがそれで急場をしのげて最終的に助かったという人はおそらくごく少数だろう。

昔よりは金利が下がったといってもサラ金や商工ローンの場合は15～18％の金利を取る。元々経営が苦しい状態で18％の金利でお金を借りた場合、それを返すためには20％以上の利益を上げなくてはならないので、単純に計算しても経営が苦しかった人には厳しいと思う。

もちろん、利益率がよくてたまたま返せる経営者はいいが、事実、サラ金や商工ローンから借りた借金が返せなくて会社をたたんだり、首を吊る町工場の経営者もごまんといる。

COLUMN:13

ベビースターと「フルチン」事件

自分は小学生の頃、お小遣いをもらっていなかった。

別に貧乏とかではなく、何かが必要になったときにその都度親に申告し、ＯＫが出ればお金をもらって買うというスタイルだったのだ。

しかし子どもでも自由になるお金が1円もないと困ることがある。

当時友だちの間でベビースターラーメンが大人気だったのだが、友だちはみんな買えても自分だけお金を持ってないから買えない。だから友達に「俺もベビースター食べたいんだけどどうすればいい?」と言ったら、「じゃあフルチンになったら買ってあげるよ」と友だちは冗談で言った。

そこで公園でズボンとパンツを降ろして下半身すっぽんぽんになった。5分くらい経ったところで隣が交番だったので、すぐおまわりさんが来てやめさせられたが、友だちはちゃんと約束を守ってベビースターを買ってくれた（笑）。

フルチンになった話をしたいわけではなく、お金がないならその代わりに何らかの努力をするべきであって、とりあえず安易に金を借りるのは違うのではないかということだ。

第2章 失敗しやすい人の性格・キャラクターとは？

TYPE:01

ルーズな人・あきっぽい人

打ち合わせをすっぽかす人

うちに相談に来る人は基本的に一度失敗して助けを求めて来ているはずなのに、こちらがいくら手助けをしようとしてもどうしようもない人もいる。

例えば打ち合わせをすっぽかしたり、自己破産の手続きをする場合には色々な書類が必要になるのだが、そういう協力を全然しないで連絡が取れなくなってしまう。

中には債務整理の途中で連絡がつかないどころかトンズラする人もいる。

相手が闇金だとブチ切れて、「弁護士会に事件を遅滞させたから処分してくれと請求するぞ」と言われることもある。

連絡がつかないまま時効になったら最悪で、実際に債権者に訴えられて弁護士会から懲戒処分を食らった弁護士もいる。だから必死で探すのだが見つからないこともある。どうしても見つからないときはサラ金や闇金にでも頭を下げて辞任するしかない。

過払い金で仕事を辞めちゃう人

また、過払い金（サラ金に払いすぎた利息）を回収したら、勤めている仕事を即辞めてしまう人も珍しくない。

億単位の過払い金が戻ってくるなら仕事を辞めてもいいかもしれないが、最大でも８００万円程度。それで遊んで暮らせるのはせいぜい1年か2年程度だろう。

目先のことしか見えず、思考が短絡的で計画性がない。だから多重債務に陥るといえばそれまでだが、一度失敗して立ち直ろうという人間のやることではない。あくまでも目的は過払い金を取り戻すことではなく、一度清算して人生をやり直すということだ。

だから最近は過払い金を渡すたびに、わざわざ依頼者に仕事を辞めるなと言うようにしている。

たいていの人は「何言ってるんですか、辞めるわけないじゃないですか」と言うが、中には「え、どうしてですか？　いいじゃないですか、ちょっとひと休みしたいんですよ」などと言い出す人も少なからずいる。

ひと休みしたらその後なかなか仕事が見つからないですよ、という話をするのだが、なかなかわかってもらえない。

EPISODE:11

過払い金を受け取ろうとしない真面目な人もいる

しかし中には清廉潔白な人もいる。

業者から過払い金を取り終えてお金を渡しますよと言ったら、本当にいらないと言うのだ。

「相談したときから言ってるように、私は借金が消えればいいのであって、ここまで先生に頑張ってもらったんだから過払い金は全部もらってください」と。

しかしそれは違法行為になってしまうし、そもそもが自分のお金でもない。

いただくべき弁護士費用はきっちりもらっているからそれは受け取れませんと言うと、「じゃあお金に困るまで先生が保管しておいてくれ」とまだ受け取ろうとしない。

それから何回か「受け取ってくれ」、「いや受け取れない」を繰り返して、ようやく納得して受け取ってくれた。

その後その人からお礼の手紙が届いたが、その中にどうしてもこれだけは受け取ってほしいと2万円が同封されていた。

今でも毎年暑中見舞いや年賀状が届くのだが、今も過払い金には手をつけていませんと書かれてある。

こういう人は立ち直るお手伝いができて本当によかったなと思うが、割合からいうと3割くらいしかいない。

傾向としては根が真面目で素直な人。この弁護士は本当に助けてくれるとわかると急激によくなるケースが多い。

TYPE:02

プライドの低すぎる人

時効・夜逃げの事例に多い

あまり多い例ではないが、借金を返せなくて10年前に夜逃げしたという人がひょっこり現れることもある。

親が死んだらしいから10年ぶりに実家に戻ってきたらサラ金からの請求書がたまっていて、このままだと身内に迷惑が及んでしまうとか、あるいは結婚を機に10年ぶりに住民票を移したらサラ金から早速取り立ての電話が来たとか、そういう理由で来るわけだ。

あまり知られていないかもしれないが借金にも時効がある。時効になる期間は5年間だが、その間に裁判を起こされると10年になる。さらにまともな金融機関の場合は連帯保証人を義務付けるし、担保も取るからよほどのことがない限りは逃げ切れるものではない。

そもそも困ったらとにかく逃げるという発想の人は、本当の意味で立ち直ることは難しいだろう。仮に時効で消すとしても相当な反省が必要だ。そうでないと、また借りて失敗してしまう。

TYPE:03

金がすべてな人

金重視の価値観は危険

子どもの頃貧しい家庭に育つと、将来絶対金持ちになってやると思い無茶な勝負をして巨額の借金を背負ってしまう人や、親が金貸しだったりパチンコ屋を経営していたりと、金はあるがきわどい商売をしていると、その子どもも生活が派手で無駄遣いが多くなったり、金の遣い方・貴さを知らずに先物取引などに手を出して借金を作ってしまうというパターンもよくある。

いずれも親にこの世は金がすべてだといった価値観を植え付けられると、とにかく金を作ろうとして様々なきわどい商売や投資や株などにどんどん手を出す。

成功すればテレビに出てくるような大富豪になれるかもしれないが、失敗するとうちの事務所に来るような人になってしまう。そして確率としては後者の方が圧倒的に高い。

COLUMN:14

お金は大事だが……俺が町を歩く時の気持ち

　誤解してもらいたくないのだが、お金なんていらないとかきれいごとを言っているわけではない。お金は絶対に必要だ。自分は貯金ができない性質で、あればあるだけ全部使い切ってしまうので毎月事務所の決算の前の日、いわゆるサラリーマンでいうところの給料日の前日は本当に２００円くらいしか持っていない。カードを持っていないので街を歩いていても不安でドキドキする。

　例えば急な用事ができて、どこかへ行かなくてはならなくなったときにどうしようとか。電車って１００円じゃ乗れないなぁ、国鉄はよかったなぁと思う。

　それに対して決算をした翌日は普通の人よりは少し小遣いが多いので強気で町を歩ける。食には目がないから、どんなに高い店でも目についちゃえば入るし、買うし、怪しい店の呼び込みのお兄さんの話にも立ち止まってしまう。同じ人間でもお金を持っている日と持っていない日で心境が全然違うので、決してお金の力を否定するわけではないが、ただ生きる目的や人生の価値がお金一辺倒になってはあまりいいことはないと思うのだ。

ちなみにこれまで散々計画性のない人間はだめだとかいざというときのために貯金しなきゃダメだと言ってきたのに、当の本人が貯金してないなんてどういうことだとおっしゃる読者もいると思う。確かに自分個人の貯金はゼロだが、家の貯金としては妻がしているはずだし、保険にも入っているので大丈夫だと思う（笑）。

TYPE:04

情緒不安定な人

「生きがい」「自分らしさ」の嘘

情緒不安定な人が特に陥りやすい罠がマルチ商法や宗教などだ。

こういう人たちはやたらと生きがいや自分らしさという言葉を連発し、それを変に求めすぎ、おかしな行動に走ってしまうが、日々、地道に額に汗して働いていればそんなものはおのずと得られるものだ。

普通に生きていくことに価値観を見出す生き方を考えてみてはいかがだろう。

「日本人だから運動」のススメ

自分は人一倍愛国心の強い人間だと自負している。日本と日本人であることに誇りを持ってそれが心の軸になっているので、情緒不安定や自己否定やうつ病にならないのだと思う。何かつらいことがあっても日本人として乗り切ろうと考え、損をしても日本人だから金にはこだわらないと思ったり、いつも困難な状況になるとそこに戻って考える。実際我々の祖先は謙虚で実直な人間で、決して広くない国土をここまで発展させたのだ。

とかく日本人は自らを卑下しがちだが、それを変えていかないといけない。

例えば外国から日本はいつでも弱腰だとバカにされたら、日本人は謙虚だから相手を立てるためにそういう姿勢になってしまうのだと言えばいい。

日本人はエコノミックアニマルだと言われたら、日本人は勤勉だからどうしても働きたくて働いてしまうから結果的に儲かってしまうのだと言えばいい。

日本人一人ひとりがみんなそう思えれば、日常生活の困難なことにも同じ発想で対処できる。

そうやって一つの自分の価値観的な軸を作っておくと、嫌なことがあってもプラスに転化できるから、心の病にもなりにくいし、変な宗教にも引っかからないし、多重債務にも陥りにくくなると思っているのだ。

TYPE:05

人から好かれない性格の人

協調性のない人・つっかかる人・すぐ話をさえぎる人

コミュニケーション能力が低いことも借金の相談に来る人たちの大きな特徴だ。仕事でもうまくいかないだろうと思ってしまう。

まず人の話を聞かない。お金を借りたのはいつごろですか？　とまず時期のことを聞いているのに、それには答えずいきなりその当時の上司の恨み、つらみを話し出す。たまにこっちが話をまとめてあげても、さえぎってしまう。

おそらく最終的には会社を辞めたから借金をせざるをえなくなったということを言いたいらしいのだが、話がどんどんずれていくので核心にはなかなかたどり着けず、時間ばかりが過ぎていく。

そうなると有効な情報提供がしたくてもできない。この人は何のために来たかなあと思ってしまう。

こういったまともに会話のキャッチボールができない人は組織の中で仕事ができない

し、家庭も崩壊させていくことにつながり、その結果経済苦になっていく。
最低限、人の話をよく聞くという姿勢を身につけてもらいたいと切に願う。

疑り深い人——慎重なのは良いのだが……

裁判をしてサラ金から取り戻せることになった過払い金はいったん弁護士事務所の口座に入る。それから報酬を引いた額を依頼人の口座に振り込むのだが、弁護士が全額取ってしまうと思い込んでしまう依頼人が結構いるのだ。

依頼時には借金さえなくなればいいと言っていた人が、お金が返ってくるとわかったとたん弁護士に横取りされると疑ったり、我々の口座に入った2時間以内に過払い金を振り込めなどと、1秒でも2秒でも早く金を得ようとする。

もっと疑い深い人がいる。例えばサラ金業者Aと6月に和解したとすると、過払い金が戻ってくるのがだいたい10月でその月にならないと和解書も送ってこない場合がある。すると依頼者の中には「なぜA社のからの和解書が来ないんだ、先生、A社からの過払い金を横取りしただろう」と、こう食ってかかってくる人がいるのだ。

また、過払い金の一部をピンハネしているのではないかと疑う人もいる。

多重債務者の場合、和解書も複数になる。例えば3社と和解が成立したら3社から和解書が送られてくるが、和解書は業者のフォーマットで送られてくる場合とうちからフォーマットを送ってそれに書き込んで返送してもらう場合がある。

たまたまそれが全部うちのフォーマットだった場合、「なぜ3社とも和解書の書式が同じなんだ。先生が和解書を偽造して過払い金をピンハネしたんだろう」と言い張る人もいる。

確かに中には金融業者とつるんで多重債務者を食い物にする悪徳弁護士もいるが、そんなのは本当にごく一部だ。冷静に考えればそんなことはありえない。しかしシステムを詳しく何度説明しても、わからない人にはわからない。そもそも一度疑心暗鬼になってしまうと、なかなかそこから抜け出せない性格なのだ。

このような他人の言うことに耳を貸さない人は弁護士に対してだけではなく、おそらく上司に対しても、友人に対しても、夫、妻、子どもに対しても同じ対応なのだろう。

確かに慎重に考え行動するのはマルチや宗教に引っかかるリスクも減るので悪いことではない。しかしそれが過ぎると人間関係がうまく築けず孤立していくだけだ。

EPISODE:12

素人の情報に耳を貸すべからず

疑い深いせいで、素人の情報に惑わされる人も多い。

3年ほど前にエステで借金を抱えて相談に来た女性Mは20代後半のきれいな人で太っているというほどではなく、一人暮らしでお金もなかった。

借金額は約150万円。Mの話を聞くと返済できる見込みもなかったので自己破産することを勧めた。

弁護士費用も払えそうになかったので弁護士費用を格安で立て替えてくれる法テラスを紹介し、そのルートでウチでやることにした。

その際、自己破産したらどうなるかなどについて詳細に説明して、Mも納得した。しかし手続きを進めていると、途中でMは自己破産はやっぱり嫌だと言い出した。

理由を聞くと、破産すると一生家を持てないとか、実家の親に伝わるということを他人から言われたからだと言う。

そのとき、1回目の相談のときにあれだけその辺のことも含め自己破産について説明したのに、やはり法律のことをよく知らない素人の情報に惑わされるのかとがっかりした。

Mにもそんなことにはならないから心配しなくてもいいですよと説明したのだが、長期で全額分割で返す任意整理という方法を選ぼうとした。

どうやら周りの人間から嘘の情報を吹き込まれたことによってどんどんウチに対する不信感が強くなっていき、しまいには「破産の方が弁護士費用が高いからそうしようとしてるんじゃないか」と言い出した。

だから辟易しながらも法テラスに問い合わせて、自己破産も任意整理も弁護士費用はほとんど同じという回答を得て、Mにこう伝えた。

「破産すれば借金はゼロになるのに、任意整理したら150万円は全部返すことになる。弁護士費用が同じであればどう考えても破産する方が得でしょう」と。

しかしいくら説明してもわかってくれないまま、長期間連絡が取れなくなってしまった。

正直ここまでMを助けるために手を尽くしたにも関わらず、自分の言うことを信じず、しかも連絡をよこさなくなってしまったので、もうこの件からは手を引こうと思った。

しかし、誰かが解決しないとMはますますヤバい情況に陥ってしまうので、再び話をした。

「今は弁護士が入っているからサラ金からの取り立てが止まっているだけであって、この

人から好かれない性格の人

まま手続きをやめてしまうとまたすぐ取り立てが始まりますよ。一度我々が間に入ってやめた後だと嫌味も言われますよ、このままでは本当に絶対やめますよ、やめてロクなことはないですよ、いいですか？　だから手続きを再開しましょう」と、こんこんと話した。

するとMも少しは聞く耳を持ってくれて、仕事を見つけ収入も安定したところで再び相談に来た。

そこでもう一度破産の話をするとようやくわかってくれて、破産申請をすることになり、ほどなくして手続きは無事終了した。

話をよく聞くと、今まで人に裏切られてばかりだったからなかなか人の言うことを信じることができなかったのだという。

この事件を通じて、一般の人にとってまだまだ自己破産は多くの誤解もあり、ハードルも高いから、今まで以上にもっと丁寧に説明して誤解を解いてあげて、破産すれば助かる多くの人を助けなければならないと痛感した。

後日談だが、自分が記念日などによく使う高級イタリア料理店にたまたま行ったとき、そのMが自分たちの給仕の担当となった。Mが再就職したというのがその店だったのだ。人の縁というのは不思議なものである。多少気まずかったが、Mが元気に人生をやり直している姿を見ておいしい料理とともに柄にもなく心が温まった。

誤解が多い自己破産

ちなみによくある自己破産にまつわる嘘は、住民票に記載される、選挙権がなくなる、戸籍に載る、就職できなくなる、子どもや奥さんに影響がある、一生ローンが組めない、刑罰がくだる、社会の落伍者になる、などだが、当然ながらこれらは全部嘘だ。

破産してもそういうことにはならない。

また、ギャンブルやエステでできた借金や数十万などの少額の借金は破産できないと思っている人もいる。最近の運用を知らないお年寄りの弁護士の中にはそう言ってしまう人もいて、それを信じてあきらめてしまう人がたくさんいるが全くそんなことはない。

もっともその地方の裁判所によって若干の違いがあるが、とにかく自分の思い込みだけで判断するのではなく、弁護士に相談してみてほしい。

EPISODE:13

とても困る異常に細かい人

異常に細かい性格の人も困る。

通常、うちの事務所に相談に来る人は1時間ほどの面談を1回した時点で正式に依頼する人が圧倒的に多い。

弁護士会主催の相談会にやってきたO氏はそこで話をした後、自分が外出している間に事務所に7回ほど電話をかけて細かいことを問いただしてきた。

我々弁護士は絶対そうなると断言はできない。これまでの判例から考えれば裁判所はこう判断しますよとか、資料としては普通はその給与明細で十分ですよと説明しても、じゃあ普通じゃない場合はどうなるんだと聞いてくる。

そんな意味のない電話を7回もしてこられたら業務が滞ってしまうので、聞きたいことがあるなら事務所で直接話しましょうと事務所に来てもらった。

そこで1時間ほどかけてあらかた質問に答えたので、これで落ち着くかなと思ったが、その後また6、7回同じような意味のない質問を繰り返すだけの電話をかけてきて、さらにそれが3回ほど続いた。

しばらく間をおいてまた電話がかかってきたのだが、なぜか静岡に転居していて、「今までのやりとりで東京の場合はわかった。でも静岡に引越したから、もし静岡の裁判所でやったらどうなるの?」と3日間説明した全項目を静岡バージョンで答えろと言ってきたのだ。

さすがにこちらも静岡の裁判所のことは詳しくは知らないのだが、それほど大きく違うとも思えないので、たぶん同じだと思いますと答えたら「多分じゃない、もう1回裁判所に行って聞いてこい」と無茶を言う。

さすがにそれは無理なので断るとその後も何度も電話してきて、「やれ」、「いや無理だ」とかいうことを何度か繰り返すうちに連絡がこなくなってしまった。

債務整理の場合は相談料は無料なので本当に徒労に終わった。しかしもうO氏から「もし」の電話がかかってこないだけありがたいのである。

何でも他人のせいにする人

失敗の原因を全部他者のせいにする人も多い。

経営者で破産する人に多いのが、経営がうまくいかなかったことを世の中のせいにする人。

リーマンショックのせいで売り上げが激減して倒産してしまったというが、それはすべての会社にいえることで、中には企業努力をして乗り切った会社もごまんとある。

さらにその会社が傾いた最初のきっかけは税金を払えなくなったことだったりする。

しかし税金を払えないのは論理上おかしい。その年の税金が高くて払えないということは前の年に利益がたくさん出た証拠で、本来は翌年分の税金を取っておかなければいけないのに使ってしまったから払えないだけなのだ。

それで税金が払えないから銀行から2000万円借りたと言うのだが、自らの経営計画の甘さから借金が始まっているくせにそれを全部棚に上げて、全部リーマンショックや世の中の景気のせいにしている。

そうではなくて原因は自分にあったと真摯に反省し、失敗の原因を分析しなければ成功することは永遠に不可能だろう。

TYPE:06

好かれるけど優柔不断な人

優柔不断な人が「断る」ための唯一のテクニック

優柔不断、八方美人な人は名義貸しや保証人になってしまいがちだが、やはり断るところは断らなければだめだ。

そういう人たちは、人から頼まれるとなかなか断れないとよく言うが、うまく断るコツというものがある。

コツはまず最初に「ごめん、無理」と言って後から理由を言うのだ。断るのがへたな人はまず理由を先に言ってしまうが、騙す方は巧みにその理由をつぶしていく。

例えば今はお金がないからと言うと、じゃあいつになれば大丈夫なの？　とか、前もそんなことといって結局失敗して返してくれなかったじゃないかと言うと、いや今度は成功するから大丈夫だよとか、理由を先に言ったら議論になってしまい、議論になると元々優柔不断の人は押されてしまう。

だから「先にごめん、後で理由」にすればだいたい断れる。これは自分が風俗嬢にお金を融通してしまった苦い経験から編み出した技なので、優しすぎる人はぜひ実践してみてほしい。

TYPE:07

プライドの高すぎる人

嘘の投資話にだまされやすい

プライドの高い人は自分が間違ったことをしていることに気づかない、というか気づこうとしない。他人から指摘されても受け入れようとしない。自分だけは別人種だと思っているのだ。嘘の投資話にだまされて借金を抱えた人にこの手のタイプが多い。

自分は投資の話はわからないが、それでもそもそもどういう話で、元本をいくら預けて今までいくら返ってきたのかなどを聞けば、誰がどう考えてもおかしいというのはわかる。だから「それはおかしいでしょ」と言うと、「先生は投資にリテラシーがないからわからないんだ」とか、自分の嫌いな横文字をいろいろ並べて反論したり、「僕は大学のとき経済学のゼミで投資の研究をしたからわかっている」とか、とにかく人の話に耳を傾けない。プライドが高く、思い込みが激しいために、人を見下してアドバイスを素直に聞き入れない。仕事でも結局は居場所がなくなってしまう。

こういう人たちは、失敗してしまう可能性が高い。

EPISODE:14

プライドとコンプレックスの塊……M君の悲劇

自分には忘れられない3人の友人がいる。

一人目のO君は大蔵省にトップの成績で入省し、全国紙にも名前が載ったような優秀な男だった。

さらに常に礼儀正しくて、謙虚かつ清廉潔白な人間だったので今でも活躍している。

二人目のN君は自分の3つ年下の男だが、数学オリンピックで金メダルを取るほどの優秀な男で、20代の若さで国立大学の教授に就任した。

さらにテニスも高校時代に東京都の大会でベスト16に入るほどの腕前で、しかもルックスもいいという、天が二物も三物も与えたような男だった。

ここまで完璧だともっと調子に乗って天狗になってもいいはずだが、今でも謙虚で礼儀正しい。こういう優秀だけど謙虚な人たちは敵を作らないから順調に人生を渡っていける。

三人目のM君も優秀な男だった。何事にも熱い所は長所だったが、プライドが高すぎるところがあった。高校を出てからは理工系の難関大学に進んだが、どうしても医者になりたかったらしく、卒業後予備校の医学部受験コースに通い始めた。

そうしたらそこで18歳の女の子に恋をしてしまった。しかしM君はそれまで女性と1回も付き合ったことがなくて、プライドが高すぎるから絶対風俗で童貞を捨てるのが嫌だと風俗にも行ったことがない（ちなみに自分は筆おろしは風俗でしてもらった〈笑〉）。その半面、付き合ったことがないことを強烈にコンプレックスにしていた。プライドの反動だった。とても自分を卑下していた。

話を戻そう。M君は思い込みが激しく女慣れもしていなかったのでその子の迷惑も顧みず、追いかけまわすようになった。いわゆるストーカーになってしまったのである。

自分はM君にやめるように何度も説得したがダメで、その女の子は恐怖のあまり警察に届けてしまった。

後で聞いた話だが、M君は密かに高速道路でその子と無理心中をすることまで考えており、身の危険を感じたのだろう。

警察から厳重注意を受けたM君は自暴自棄になり睡眠薬で自殺を図った。しかし死にきれず脚に麻痺が残り、松葉杖なしでは歩けない体になってしまった。

もうその頃には医者の道もあきらめて裏稼業に身をやつしてしまい、一度は自分をゆすりに来た。

プライドの高すぎる人

こうなるといよいよ付き合えないので距離をおいたら、その1年後に自宅で椅子に座った状態のまま死んでいるのが発見された。そばには睡眠薬の錠剤が散らばっていたという。

残念な事件だったが、いくら優秀でもプライドが高すぎたり思い込みが激しすぎると破滅してしまうのだ。

TYPE:08

嘘をつき続ける人

破滅への道をひた走る

闇金50社から借金してまだ金を借りようとする人もいる。闇金に交渉の電話をかけている最中に、「先生、こいつを立ち直らせたいと言ってるけど、こいつ今うちの関連会社にまた借りに来てるぞ」と言われるという冗談みたいな話もあった。

正直言って、こういう人はもうどうしようもない。闇金にも我々弁護士にもそして自分にも嘘をつき続け、破滅への道をひた走っていく。

費用を踏み倒されることもよくある

これまでの経験から、闇金から金を借りる人はほぼ間違いなく弁護士費用を踏み倒す。闇金と依頼者の間に入って闇金からの取り立てがストップした頃にはもういくら本人に電話をしてもつながらない。闇金は怒鳴るし、しつこいし、交渉には大変な時間がかかるが、ボランティアなのである。

だからあまり依頼を受けたくないのだが、自分は弁護士会の相談員なので弁護士会からの依頼の時は受けなければならない義務がある。

多数の闇金から借りている人なら、また弁護士費用を払わないんだろうなあと思いながら受ける。

闇金以外でも踏み倒されるケースもあるにはあるが、全体の1割程度である。これまで踏み倒された弁護士報酬はあまり正確には覚えていないが、600万～700万円ほどだろうか。

困っている人を助けるのが弁護士の義務だから

弁護士費用を払ってくれるかどうかわからない依頼者の仕事でも受けるのはなぜか。まず本当に困っているなら助けるのが弁護士としての義務だと思っているからだ。

ちなみに本当に困っていることが大事だ。よく弁護士は弱い人の味方というイメージの人がいるが自分は違うと思う。弱い立場の人でもそれを盾に金をむしろうとする人もいるし、強い立場の人でも謙虚な大物などいくらでもいる。

逆に、自分は相手が立場の強い人だから金のために従うことも、弱い人だから金がないから見放すこともない。

強くても弱くても正しく困っている人を助けたり、その人のためになりたいのだ。だから、正しい困りごとなら、儲からなくてもやる時がある訳だ。

しかしそうは言っても限界がある。お金の払えない困っている人を助けるためには、その一方で確実に費用を回収できる依頼をこなすことが必要不可欠だ。そうしないと弁護士として生きて行くことすらできなくなってしまう。

しかし少し前の制度改革によって弁護士が増えすぎてしまい、現在は過当競争になっている。

実際に苦労して弁護士になったはいいが、いつまで経っても自立できない弁護士も山ほどいる。今は需要と供給のバランスが完全に崩れて供給過多になっているので、この先不安はあるが、あくまでも正当な依頼者を救うためにという信念でやっていくしかないだろう。

ただし現行の制度の歪みが直されないと、今後食えない弁護士が不祥事を起こさないとも限らない。自分はそれが心配でならない。そこは国民でよく考えてもらいたい問題である。

第3章 自分の状況別の対策を打つ

予防編～「70％満足理論」

まずはじめに

これまではうちに相談に来た人をもとに、多重債務に陥った原因や、陥りやすい人のキャラクターなどを述べてきたが、ここではそもそも多重債務に陥らないためにはどうしたらいいのかを書いていきたいと思う。

借金を抱える人はたいてい欲深く、理想を追い求めすぎる人が多い。

しかし、１００％理想の人生など不可能だ。かといって50パーセントでは自分自身が成長しない。だからその中間くらいの満足度を目標にして生きればいいのではないか、ちょうどいい人生になるのではないかと。これを自分は「70％満足理論」として世の中に広めたいと思っている。

こう思うようになったのは自分自身がいくつかの挫折や妥協を経験してきたからだ。

まず一つは第1章でも述べたが格闘家（空手）の道をあきらめたことだ。

自分の１００％満足の人生は格闘技の選手になることだったが、そもそもレベルが足りず、また、膝を壊してあきらめざるをえなかった。そのとき落ち込みはしたが、仕事をしながらでも練習はできるしアマチュアの試合にも出られるのでそれで十分ではないかと思った。

今でも週に3回は色々なコーチをつけて格闘技の練習や筋トレをしている。いずれは元々通っていた空手の道場が主催する、それほどハードではない試合には出たいとも思っている。１００％の夢は叶ったわけではないが、十分満足している。

もう一つは結婚だ。

結婚するということは相手と一緒に暮らすということで、そうなると今まで見えてこなかった相手のアラやクセが見えてくる。

だから自分自身も最初の1ヶ月は本当にとまどったり幻滅してしまうことも多くて、こんな生活なんてやってられるかよと思うことも少なくなかった。

楽しい日と楽しくない日が交互にやってきて、幸せなのか不幸なのか自分でもわからなくなってきた。

しかし時間が経つに従って冷静になってくると、相手と暮らすことによる嫌な部分より好きな部分の方が多いから、とりあえずこれでいいんだと思えるようになった。

トータルでマイナスよりプラスの方が一定程度勝っていたら満足する。要は、妥協する所は妥協し、譲れない所はきちんと言っていけばいいんだとわかった。自分はスポーツと家庭生活を通じこの考え方に気づいて以来、不要なストレスを抱えないで幸せに生きることができている。

物を買うときに迷ったら、身の丈の買える最大×70％を基準に決めればいいと思う。身の丈を超えたお金の使い方をしたときに借金をしてしまうわけなので、こうすれば道を踏み外すことはない。

もちろんほかのことを我慢して少しずつ貯金して、そのときの身の丈以上のものを買うのはありだ。我慢して貯金した分、トータルで考えたら身の丈に収まっているからだ。

❶長期計画の重要性

これまでも散々書いてきたが、相談に来る人はほぼ何事においても無計画である。行き当たりばったりの人生も演歌調でいいが、それで借金を背負ってしまうのはバカらしい。

だからまず自分にとっての１００％理想の人生を思い浮かべて、現実と照らし合わせて不可能なことは取り除くなどして実現可能な70％くらいの理想に人生を調整する。

そうすると、○代の時には~して、○代の時には~して、と決まってくるだろう。

そこから毎年や毎月を逆算すると自ずと無駄な時間や無駄なお金を使う暇なんてないということになるからお勧めなのである。

❷我慢する基準を決める……1点豪華主義

もう一つ自分が実践していることがある。70％満足理論に通じるが、いわゆる1点豪華主義である。

すべての分野で贅沢しようとするとお金が足りなくなってしまうし、すべての分野で我慢をするとストレスがたまる。だから、自分がこれだけは譲れない大好きなものだけにお金を使うようにする。

自分の場合はグルメで、子どもができる前はおいしいものを食べるためなら金に糸目をつけなかった。

友人に話すと皆がびっくりするくらいの額だった。しかし高いといってもしょせん食事なので毎月何百万円も使うわけではない。

何か一つ好きなことに人より少しお金を使い、その代わりほかのことに関しては倹約するというふうにすればストレスもたまらないし、お金の失敗もなくなると思うのだ。

❸買い物には美学を持て――電化製品店の繁盛への驚き

ちなみにビックカメラやヨドバシカメラなどの家電量販店をたまに通りかかると、ものすごい人の数で繁盛しているなあと驚く。

相談に来る人も無駄に高級家電を買う人が多いと前述したが、こういう人たちは多分翌日になると買ったことを忘れている。使いもしないし、使ってもすぐに飽きるのだ。

ある種のストレス発散のためかもしれないが、そこに美学がない。

どうせストレスを発散するのならば、自分の本当に好きなことや満足することにお金を使えばいいと思う。

自分が高級レストラン巡りをしていた頃は、自分の知らないおいしい料理が食べられるのを楽しみに通っていたし、心が満たされて少々高いけれど満足感は高かった。

なんとなく買っちゃったというのは極力やめて行動に意味を持たせないと、死に金と死に時間になってしまう。お金はもっと意味のあることに使うべきだと思う。

❹家食を心がける――家族との会話が増え、無駄遣いも減る

衣食住というが、「衣」に一点豪華主義をとらない限り「衣」の浪費をしてはいけないのは言うまでもない。

「住」は節約といっても安いところに移ると却って引っ越し代がかかったり敷金をとられたりするのですぐにはムリだ。

その点、「食」の節約は簡単だ。

自分のように「食」に一点豪華主義をとる人は別として、一般の「食」に重きをおかない人は、「食」の節約をバカにしてはいけない。まずいもの、体に悪いものを食べろといっているのではない。質の良いものを家で食べろといっているのだ。

債務者の中には外食をバンバンしている人もいるが、ファミリーレストランや回転寿司も毎週のように行ってたらバカにならない。自分はバカ食いだから、仮に回転寿司に行くと昼でも3000円くらいになってしまう。もし手軽においしい外の物を食べたいという人はテイクアウトにすればいい。

自分も子どもが生まれてからは外食はほとんどしないようになったのだが、その代わり料理をテイクアウトして家に持って帰って食べるようにした。

赤坂離宮とかの有名な高いレストランでも、テイクアウトにすると酒代などがかからないから6割くらいの料金で済み、かなり節約できるし、二次会三次会に付き合わされることもないし、タクシー代もかからない。

さらに家で食べれば家族とコミュニケーションも取れるので不和も防げて、一石で二鳥も三鳥も取れるのである。

❺数字に弱い人は家計簿をつける――徹底的に無駄を見直す

借金をする人は月にどのくらいの収入があって何にどのくらい使っているか、いわゆるキャッシュフローを把握していない。だから赤字なのにお金を使ってどんどん借金を膨らませていく。今までいくつか方針を言ってきたが、それでも出来ないという人も多い。

そこでそういう人には、収入と支出を可視化するために家計簿をつけることを勧めている。

毎月つけていたら、このままでは今月は危ないぞとわかり、無駄な出費は抑えようとするからだ。

しかし中には家計簿をつけていても赤字になる人もいる。ある家庭では旦那さんの月給が45万円なのになぜか毎月赤字なのである。

一つひとつ詳しく見ていってもそんなに無駄なものは買っていないのだが、食費が少し高い、交遊費が少し高い、「付き合い」が多すぎるなど、すべての項目が少しずつ高いのだ。

この辺は経済観念の話になるかもしれないが、こういう細かいところをおろそかにすると積もり積もって、いつの間にか借金生活ということにもなりかねないので注意が必要だ。

マイナス分もちりも積もれば山となるのだから。

また、読みもしない新聞を取っている人や、ろくに行きもしない習い事などにお金を払っている人も意外と多い。

一度全体の支出を見直して、細かいことでも無駄な出費を抑えれば1年で見るとかなりの節約になる。

尚、家計簿はみんなにつけろとは言っていない。数字に弱くなければ、今月は貯蓄分を除くとあと○円で、それを○週で割ると……とやるだろうから不要である。あくまでそれが出来ない人がやればいいのである。

❻交友関係を見直す——人間関係が原因の借金も多い

借金問題は、すべて人間関係と関係なくもない。

優柔不断な人は周りの知人、友人にそそのかされて借金を背負わされてしまうケースも多いので、ギャンブル仲間や金を貸してくれとか保証人になってくれという人は思い切って縁を切ることも大事だ。悪い仲間はどうせ悪影響しか及ぼさない。くだらない起業を勧める奴もこの類の切るべき人間だ。

またそこまでいかなくても、意味のない愚痴を言い合っているだけの仲間と付き合っていても、本当の意味でストレスは解消しないし、進歩や成長も望めなく、飲み代だけが飛んでいくだけなので距離を置くことをお勧めしたい。

そもそもしょっちゅう会う人間が「親友」ではない。たまにしか会わなくてもお互い尊敬し合っていて認め合っていれば親友だ。

そんな親友が自分にもいる。

予備校時代に知り合った友人Kは、お互いの結婚式で友人代表でスピーチをした仲だが、会うのは数年に一度。それでも会うとお互い腹を割って話せるし、とても刺激になる。Kは在日韓国人なのだが、韓国や北朝鮮の悪口だって平気で言える。

うわべだけの付き合いの友達をたくさん作るより、少なくてもそういう友達を見つけた方が必ずプラスになるはずだ。

段階別論〜行政機関の活用法など

まずはじめに

当然ながら人のお金の状況にもいろんなレベルがある。

人生の崖っぷちにいて誰かが手を差し伸べないと死んでしまいそうな人、なかなか定職につけず安定した生活ができない人、少し経済的に余裕があって投資でもやってみようという人、お金が余ってしまった人の節税対策など、その人の経済レベルに応じて対策は違う。ここでは、そのレベルごとの小技を述べていく。

❶行政機関の活用法――助からない貧困はない

勤めている会社がある日突然倒産してしまったら、あなたならどうするだろうか？　途方に暮れること以外にできることはある。独立行政法人労働者健康福祉機構に申請すると未払い給料を8割まで立て替えて支払ってくれる。これは意外に知らない人が多い。申請しないともらえないのでぜひ申請してほしい。もっとも申請することにならないのが一番ではあるが。

本当に生活に困っている人には生活保護がある。これを受けられると当面餓死するようなことはないから受けなさいと勧めるのだが、年齢が若いから受けられないのではないかと疑う人がいる。利用できる制度は利用すべきだから、ごちゃごちゃ言わないでまず生活保護の窓口に行って担当者と話すことが大事だ。

地域によっては申請を受け付けようとしないところもあるが、そんなときはなぜダメなのか理由を聞くべきだ。

行政は基本的に理由を聞かれたら答えなくてはいけない義務がある。どうして自分は福祉を受けられないんですか？　とか、あるいは車を持っていたら絶対にダメなんですか？と聞くと、向こうも絶対ダメとは言えなくなるので受け付けてくれることが多い。

それでもダメなら弁護士に相談しよう。頼めば同行してくれるし、弁護士が同行するとほぼ申請が通る。もちろん自分の事務所でも同行しているがほぼ１００％通る。

またプライドが高すぎて生活保護を受けることだけは嫌だとか、自分はまだそこまで落ちぶれていないとか言う人がいる。しかし今一度我が身をよく見てほしい。生活できなくなって相談へ来ているわけだから、その現実を受け入れることが再生への第一歩なのだ。

生活保護を受けてとりあえず急場をしのいで、そこからまた立ち直って世の中に貢献すればいい。

そういうことを相談者に言うと、たいていの人は納得して生活保護を受けに行くが、中にはそのまま行方不明になってしまう人もいる。

❷母子手当――たとえ離婚していなくてももらえる

専業主婦で子どもありの場合は、離婚してからが大変だ。そんなとき頼りになるのが母子手当。離婚している人はもちろんのこと、離婚していなくても長期間夫と離れて暮らしている場合も離婚に準ずる遺棄という枠をとれば、ちゃんと母子手当を受けられる。

こういう事実を知らないで、何年間も離れて暮らしていて離婚してないからもらえないと思って申請に行かない人がたくさんいるがそれはもったいない。

ひと月4万円ほどもらえるので申請に行ってほしい。

❸正社員を目指そう!

確かに今は正社員でも安心できる時代ではないが、なんだかんだ言ってもやはりアルバイトよりは契約社員、契約社員よりは正社員の方が収入は安定する。だから正社員ではない人は正社員になる努力をしなくてはいけない。

とはいえ、今の時代、正社員になるのは難しい。面接でただ正社員になりたいといくら声高に叫んでもどうにもならないこともある。そんなとき武器になるのが資格だ。

例えば不動産業界を目指すなら宅建を取っておくとか、工場勤務をするのだったら危険物取り扱いの資格を取っておくと、少なくともやる気と努力は認めてもらえる。これは意外に大きい。

難関の国家資格を取るわけではないので、毎日15分、20分も勉強すれば取得できる。その毎日の積み重ねを大事にしてほしい（勉強法がわからない人は、前にも述べたように拙著『勉強法最強化PROJECT　絶対合格の王道と近道』【エール出版】を参照してほしい）。

❹副業のすすめ

正社員になってもお金がどうしても足りない場合は土日だけでもアルバイトをしよう。安易に「投資」に走るのはバカ一直線だ。

こう言うと「たかだか1日6000円とか7000円じゃないですか」という人がいる

が、６０００円をバカにしてはいけない。週に2回で月４万８０００円、1年で60万円、10年すれば６００万円だ。少ないお金でも日々の積み重ねをバカにしてはいけない。

また、会社で副業禁止規定があるからアルバイトなんてできませんよという人もいるが、実際に会社の服務規程を調べてみるとどこにも書いていなかったりする場合もよくあるし、この不景気で副業をむしろ奨励している会社も増えていると聞く。

また副業禁止を建前として入れているだけという会社もあるので、上司に相談して許可を得ることも考えた方がいい。

もちろん本業に差し支えない程度でということは大前提だが、副業を持った方が収入は安定する。

❺安易に辞めるべからず

正社員の人は安易に会社を辞めてはいけない。

せっかく正社員でいるのに本当の俺はこんな会社にいるレベルではないとか、今の会社は俺を正当に評価してくれないとか愚痴ばっかり言って、転職サイトで適性給料診断とかをやって、やっぱり本来はもっと稼げるんだと勘違いしてしまう人がいる。

しかし仕事を給料の多寡だけで判断するのはいかがなものか。ストレスの有無・やりがいも大事なはずだと思うし、自分が思っているほど優秀ではないかもしれない。

実際転職して年収がダウンした人をたくさん知っている。今の職場でそこそこ満足できるのだったら続けた方がいい。

要するに経済的基盤を固めるためにまず正社員を目指して、それが実現できたら副業をしつつ長く勤めるということだ。

❻投資——不動産投資しか儲からない

正社員として長く勤めて副業もこなし、余裕が出来てくると資産運用をしたくなる気持ちはわかるが、株や先物取引には手を出さない方がいい。

ヘタに素人が手を出すと今までの蓄えを根こそぎ取られるばかりか、借金まで抱えてしまうことにもなりかねない。

低リスクで確実に儲かるのは前述したように不動産投資しかない。

具体的には、とりあえず1000万円台の部屋を一つ買うのが近道だ。前述した通り頭金を最低でも半分は準備した方がいいので、10〜15年かけてもいいからとにかく500〜

700万円ほど頑張って貯める。そのくらいの貯金がなければ投資を考えるのはまだまだ早い。その身分に達していない。

物件はできるだけ新しくて都心か、郊外でも最寄り駅から近い物件がよい。その意味で鉄道の増駅や駅廃止には注意が必要だ。古くて利便性が悪いとなかなか人は入らない。購入後設備をリニューアルしても無駄だ。あとは社宅用の物件や学生寮は会社や大学が移転すると本当に1円も入らなくなるので要注意だ。

それさえ気をつければ、仮に当面借り手が見つからなくてもローンをほとんど入れてないし、1000万円台なら固定資産税もそれほど高くないから大きな負担にはならない。いい物件ならいつかは必ず人が入る。そうなれば利回りで9%から10%は確保できるから10年すると得た賃料と元の物件の価値であなたの資産は2倍になる。そこでもう1軒増やせば20年後にはさらに財産が増える。手堅く順調に増やしていけるのでお勧めだ。

❼節税対策――地道な対策が重要

資産が順調に増えて裕福になった場合は節税をする必要があるが、劇的に税金が安くなる方法は脱税一歩手前のきわどいものが多いので注意が必要だ。

あくまでも納税は国民の義務ということを忘れてはならない。

中には税理士が脱税を指南する場合もある。税理士さんに聞いたんですけどと言って節税の相談に来る人には「節税の本を3冊買って、すべてに載っている方法ならばやっていいと思います」と言っている。一つしか載ってないとか、どれにも載ってないオリジナルな方法は脱税の可能性が高いから絶対にやめた方がいい。

もし税務署に脱税とみなされたら追徴課税や加算税として、さらにお金を払わなければならないはめになるので慎重にやるべきだ。

【総括】

ここまでで言いたいことは全部言った。第4章に付録という章があるようにみえる人は目の錯覚だ。ここで完結した。

いろいろな事例・パターンを書いた。自分の風俗歴やらギャンブル歴も書いた。借金の原因をその人間のキャラクターからも分析してみた。

いろいろ書いたが一番言いたいことは、「70％満足理論」と「日本人だから運動」だ。自らの人生（自分も含めて長いか短いかわからんが）を見据えてみる。何をしたい、どうなりたいかを現実的に考えて、自分の人生のテーマ、背骨を決めてしまう。

楽しい時、おちゃらける時もあるが、当然つらい日、苦しい日もある。努力も必要だ。つらい時、苦しい時に、「宗教」「愚痴」「他人にあたる」、全部最低だ。そうではなく、「日本人だから頑張る」そう唱えよう。外国人でもいい。日本を好きな限りは「日本住民だから頑張ろう運動」でも結構だ。

どうしても自分の力じゃ生活できない時、知り合いや福祉に助けてもらったら、日本人として感謝の気持ちを持とう。

言いたかったことはそれだけだ。

まだ良くわからんという人は何回でも読み返してほしい。きっとやる気が覚醒してくるはずだ。

ほら、力がみなぎってきた〜。

第4章
トラブルを一人で処理できなくなったときに（付録）

この章立てにも「付録」と書いたように、ここはあくまでおまけだ。

一応どうしようもなくなった時にどうするのか、弁護士としてはどういうことをするのか書いておいた。

しかし、自分が本当に言いたいことは、繰り返しになるが、「70％満足理論」を通じ、正しく人生を見据え、調子が悪くなりそうだったら「日本人だから」と唱え軌道修正をする。そして手に負えなくなったら借金をする前に生活保護を受け取り、「ありがとう、でもいつか見返してやろう」と思う精神を持つことだ。それさえ守れば借金は本来は生まれなくなる。借金する人は激減する。

その意味で、本来この付録を読む人がいるのは、自分は望んでいないのだ。

専門家や公的機関への相談

「立て替え」は絶対ダメ！

よく債務整理の相談中に「親族が借金を立て替えてくれるって言っているんだけど、そうしてもらった方がいいんですか」と聞かれることがあるのだが、絶対に絶対に誰かに立て替えをしてもらってはいけない。

予定通り法律に則って債務整理しましょうと言う。

それは何もうちが仕事がほしいからというわけではない。立て替えてもらうと確かに楽にはなるが、まず本人の信用情報に傷がつかない。そうするとまたサラ金から金を借りてしまう。それに甘え出す。こういう人たちは借り癖がついているのだ。

そして再びまた多重債務で返せなくなると、親族は一度助けてやったのにまた借金しやがってと、その人に愛想を尽かしてしまうかもしれない。するともうこの人は誰からも信用されなくなってしまい、孤独になり社会から切り離された存在になってしまう。

だから一度きちんと自己破産や債務整理をした方がいい。自己破産や債務整理をするとブラックリストに入り、あっという間にサラ金業者の間に知れ渡るので、もうどこでも借りられない。借金と縁が切れる。

だから他人に立て替えてなどもらわずに、自分の力で自己破産にかかる費用も準備して、きちんと処理をすることが本人のためなのだ。

立て替えを申し出てくれた人に対しては、「せっかくですが今回は法律家の力を借りて自分で処理します。もし今後病気や失業などで死にかけたときはまた援助してください」と言って、その人とのつながりを残しておきなさいと言っている。

専門家や各種機関への相談の仕方

借金や生活苦で困ったときに助けてくれるところはたくさんあるが、それぞれに役割がある。

例えば福祉に関しては行政の領域であって、基本的には我々の分野ではない（もっとも、あまりにも行政がひどいときは弁護士が代行することもあるが）。

それから、例えば事業のために借りたお金の返済日を猶予してもらいたい場合も本人が金融機関と交渉すればいい話。

専門家や公的機関への相談

それらに対して法律的な処理が必要な場合や、もう完全に行き詰まってしまった場合というのは、弁護士や司法書士の分野になる。

債務整理は１４０万円以内なら司法書士でも可能だが、自己破産と個人再生などの裁判所を使う手続きの場合は代理人にはなれないので、裁判官との面接は本人がしなくてはいけない。弁護士に依頼した場合は弁護士が代理人になれるので、裁判官との面接も弁護士が行う。

また、弁護士の方が相談者の依頼に対して一見単なる借金問題に見えたことが実は詐欺事件や消費者問題ということに気づけたり、あるいは借金といっても暴力を振るう夫にお金を渡しただけだから慰謝料で取り返そうとか、法律の幅広い知識と経験から隠れた問題に気づけて対策を講じることができるというメリットがある。

一方、単純に過払い金を取り返すだけなど、裁判所を通さない手続きの場合は弁護士でも司法書士でも可能だと思う。

相談の内容によって変わってくるので、弁護士でも司法書士でもどちらでもいいのでまずは相談してみてほしい。

半可通と非弁（整理屋）に注意

しかし絶対に相談してはいけないのは法律のプロではない人や団体だ。弁護士資格や司法書士資格を持たない人や団体にうっかり頼むと費用だけ取られてトンズラされたり、過払い金をネコババされたり、本来なら100万円を取り戻せるはずの過払い金が20万円しか取り戻せなかったりする。

そういった詐欺集団は「整理屋」と呼ばれており（弁護士は「非弁」活動と呼ぶ）、一見弁護士っぽい肩書きやNPOと名乗ったりホームページを持っていたりするので、騙されないように注意してほしい。

そこまではなくても中途半端な事情通みたいな人に振り回される人が多い。元銀行員とか元サラ金の従業員とか昔司法書士事務所に勤めていたというような人の情報を鵜呑みにして勝手に行動すると、だいたい傷口を広げてしまう。

しかしこちらの方は非弁（整理屋）と違って、信じてしまうことのマズさがわかりにくいかもしれない。

素人にはわからないが、自己破産や個人再生という倒産手続きは、裁判所の方でも頻繁に運用が変わっているのだ。自分たち専門家は常に裁判所と接しているので今月からこういう運用に変わったとわかるのだが、中途半端な事情通たちは持っている知識や情報が古かったり間違っていたりするので、こういう連中には近寄らない方がいい。

基本的に現役の弁護士や司法書士にしか相談、依頼をしてはいけない。

悪徳弁護士の見極め方

しかし困ったことに弁護士の中にも悪いやつはいる。

例えば闇金と裏でつながっていて、サラ金に借りた金が返せないと相談しに来た人にじゃあここで借りて返せばいいとグルの闇金を紹介する弁護士。

あるいは複数の闇金に借りた金でパンクしそうな人に対して、本来なら違法な金利だから返さなくてもいいのだが、貸したのが裏でつながっている闇金だから「返さなかったら何をされるかわからないから返した方がいい」と嘘をつき、ほかの闇金から借りさせて返させて、後は知らないという弁護士もいる。

また、グルではないが、闇金やサラ金からこれまで返したお金を取り戻すまではいいが、依頼者に返さず自分で全部横取りする弁護士など色々なパターンがある。

ではそういう悪徳弁護士に引っかからないためにはどうすればいいか。例えば闇金やサラ金から紹介された弁護士は100%悪徳弁護士だ。業者とつるんでいるのは明白。こういう弁護士に頼むことは地獄への第一歩。絶対にダメだ。

闇金には冷静に対処する

金貸しを相手に借金をチャラにしろ、マケろという仕事なので、危ない目にあったことはないのですかとよく聞かれるが、今はそういうことはほとんどない。

ただ昔、闇金が全盛だった時代は、闇金から1時間に1回のペースで「殺すぞ」とか「お前の事務所に100人前の出前を頼んだぞ」という嫌がらせの電話はよくかかってきた。しかし実際に来たことは一度もない。すべて脅しだ。

「殺すぞ」と凄まれたときも「それはちょっとつらいですね、あなたも殺されたら嫌でしょう。痛いですよ~」と冷静に対処すればどうということはない。

経験の浅い弁護士は「脅迫だから警察に訴えてやるぞ」と言うのだが、闇金はそんなことで警察が動かないのは百も承知だから、青い弁護士の空論かとますますナメられる。

だから自分は例えば闇金が債務者本人を殺しに行くぞとか警察なんか怖くねえとか言ったときも、「確かに警察ってこれくらいじゃ動かないですよね、こういうときって困りますよね。ウチも困ってますよ。あ～あ」などと淡々と言う。

すると闇金もこいつを脅してもしかたないと思うのか「どうしても貸した金を払わないの？」と言ってくるので、「ちょっと申し訳ないけど闇金サンは違法なので返すことができないんですよね。私も払う約束すると問題になっちゃうし。私の金をあげるわけにもいかねえし」と言うと、こいつ本当に払わないんだな、これ以上粘ってもしょうがないなという感じで無事終わることもけっこうあるのだ。

闇金はいろんな手法を使ってこちらの力量を試すので、それに乗らずに冷静に対処することが肝要だ。

あとは「おまえボコボコにしてやるから今すぐ来い」という電話もあった。長年格闘技をやっているのでそんなときは「いいですよ。まずはルールを決めたいんですが。1対1でいいんですか？　なら行きますよ。武器の使用はＯＫですか？　急所への攻撃は？」と冷静に質問すると、「おまえ気持ち悪いな」と（笑）。「もうお前の債務者の借金の件もチャラでいいよ」と事件が解決したこともあった。

実際にこちらが闇金に出向いたこともある。そういうときは過払い金を返してもらうときだ。こう言うと「闇金からでも払いすぎた利息を取ることができるんだ！」と驚く人も多いかもしれないが、特にスポーツ新聞とか夕刊紙に広告を打っている闇金は東京都などの自治体に登録している所も多く、返してもらえることの方が多い。

向こうも商売なので、法律に逆らうと免許停止になる恐れがあるからだ。

そういう表の闇金は返してくれることもあるが、本当の裏の闇金は難しい。例えば090金融からは絶対に取れない。店舗を持ってないから捕まえようがないからだ。

しかし方法がないわけではない。今は闇金に借金を返している返済口座の凍結申請を銀行に出すと闇金がお金を引き出させないようにするので、そこから分配を受けられる。

法的にはどういう処理が出来るか
～破産・個人再生・任意整理・任意売却・時効

破産とは

破産とは裁判所に、「支払えない」（破産状態）と申し立て（破産の申し込み）、免責（責任を免れる＝帳消し・チャラ）の許可をもらうという制度だ。

主だった財産（家・車など）は原則なくなるが、家財道具や低い値段の車や保険は残せるし、今後の荷物（借金という負担）を降ろせることを考えると、再出発には最適の制度だ（※家や車も、価格や親族の協力によっては、残せることもありえる）。

また、前にも書いたが、戸籍に載る、住民票に載る、選挙権がなくなる、旅行に行けない、罪に問われる、仕事に就けない、二度とローンを組めないなど、いろいろな誤解があるが、そのようなことは一切ない。ほんの一部の仕事に、破産が終わるまでの間（半年～せいぜい1年）就けないだけだ。

さらに、「破産＝ブラックリスト」と考える人も多いが、他の手段（後述する個人再生、任意整理など）であっても、また、弁護士の所に相談に来る前に長期延滞していても、いわゆるブラックリスト（信用情報センターに登録されること）は共通で、破産のみを恐れる理由は全くない。

実際、破産を申し立て、裁判所に同行してもらい、無事手続きが終了すると、皆さんに一番喜ばれるのが破産である。

個人再生とは

個人再生とは破産と同じく、裁判所に、「支払えない」（正確にはその一歩手前の状態である）と申し立て、一般の借金（住宅ローン以外の債務）を大幅に圧縮してもらう制度だ。やはり裁判所に申し込む面倒はあるが、家や車を失う可能性が大きい破産と違い、家や車を残せる可能性がグーンと高まる。

また、一般の借金も元が1000万円なら200万円に、元が3000万円なら300万円にというように、かなり圧縮してもらえるので、借金が0になる破産ほどではないが、やはり借金という荷物が減るという効果は大きい。

また破産自体、そもそもデメリットが少ないが、再生の場合は、おおよそ職業制限が全くない、資格に傷がつかないなど、更にデメリットが少ない（ほぼない）手続きといえる。（もちろん、ブラックリストに載ることは破産と同じ）。

もっとも、このようにメリットが大きい反面、本当に家や車を守れるか、一般の借金を圧縮できるのかは、かなり高度な知識が必要なので、安易に自己判断せず、我々弁護士のような専門家に相談すべきだ。

任意整理とは

破産や個人再生とは違い、裁判所を通さずに（＝任意で）整理（債権者と協議して）する方法。大体、今ある借金の元金のみを36回～60回程度の分割・無利息で債権者と和解する。元金自体0になる破産や、かなり圧縮できる再生ほど荷物の降りた感じはないが、それでも今まで「回してた」「自転車操業していた」利息の払いを免れて、元金がどんどん減っていくという魅力はある。更にその元金自体、利息の払いすぎがあれば圧縮されたり0になること、時にはお金が戻ることもある。

この手続きは、もともとデメリットが少ない破産やほぼない再生と違い、デメリットはさらに全くと言っていいほどない。

破産や再生の場合には官報に掲載されるが、任意整理の場合にはこれさえない（しつこいようだが、ブラックリストには載るが）。

ただし何といっても、少なくとも「元金だけは」（正確に言えば元金から払いすぎ利息を引いた額は）全部払うわけだから、収入があることが大前提だ。

よって、この手続きに向く人は以下の通りだ。
①収入がかなりあるし、破産や再生ではどうしても守れない家や車がある
②収入は少ないが、債務額も非常に小さい
③収入が少なく、債務額が大きいと思ったが過払い金があって債務が小さくなった
④収入はほとんどないが、過払い金が多く、借金が残った業者への支払いも賄えた
⑤収入はほとんどないが、すべて過払いになっていた
⑥元々債務がなく、過払い金を回収したい人（これは正確には過払金回収であって、任意整理ではない。よってブラックリストにも載らないが、便宜上、任意整理と称する場合が多いので、ここに書いている）
しかし中には上記のどのパターンにもあたらず、破産や再生ができるが、どうしても全

法的にはどういう処理が出来るか

額支払いたいとして任意整理をしたがる依頼者、またそれを勧める弁護士がいるが、自分は以下の理由でお勧めしない。

大体こういう人は、「借りたものは返すのが当たり前」「人として……」「業者にお世話になったから……」と言うが、これは誤解で、正しい理解は、まず「借りたものは返す」のは無利息の場合にあたる話だ。

すなわち、親・兄弟・友人からの借金は無利息で貸してくれており、返さないと関係が悪化するから本来返すべきなのだ。

しかし、金融業者からの借金は無利息ということはありえず、既にかなりの利息を支払っており、残りを返せなくとも「悪」とは言えない。

仮にその債務者の借金だけをみると、元金分を払っていなくとも、金融業者は顧客トータルでは十分元をとっているのであり、気にするべきではない。

だからこそ金融業者というのは存在するのだ。

また「人として……」という人も多いが、「人として」というなら、返すのではなく早く破産や再生をして楽になり、お金は正しい消費に回すべきだ。

家族のため、自分の成長のためにお金を使うのが当面の課題であり、余裕ができれば地域のお祭りや震災など義援金にお金を回すのはどうだろう。そのほうが余程、「人のため」ではないだろうか。

最後に、「会社や担当者にお世話になったから」という人もいるが、実は担当者からみても、任意整理で何年もかけてずっと支払われるのを管理するのはかなり大変な業務だ。さっさと別担当者の破産・再生部門に回して、自分の所から償却できた方がすっきりするのが実情である。

以上のことから、任意整理が向いていないのにそれにこだわるのは、明らかに間違っている。にもかかわらず、相談の時に意地でも他の方法にしないという人は、原則うちの事務所では受けげず、別の事務所に行ってもらっている。

まれに、すごく根性のありそうな面構え（男でも女でも）の人が絶対やる！といった場合は協議することもあるが、それでも一部は途中で失敗し、方針を替えるのが実情だ。よく考えることをお勧めする。

任意売却とは

任意売却とは、「任売」（ニンバイ）と呼ばれ、主に不動産を自主的に手放すことをいう。

借金の主が不動産にまつわるローンの時、不動産を手放すことで借金をゼロや極小にし身軽になるのだ。ただし、これは任売した時に、その価値がローンを下回ってしまうと結局処分後も借金が大きく残ることになり意味がない。適用できるのはローンが小さくなっており、売却すると高い値段がつく不動産の場合ということになってくるのだ。

時効とは

借金といえども、「5年間（基本）一切支払わず」、また、「何ら法的に手続きを取られていない」と、時効を主張して借金を消すことができる。

ただし、後者の「何ら法的に手続きを取られていない」がクセ者で、時効が疑われる人（「○年間は夜逃げ同然だった」など）は、その間に自分が従前住んでいた地域で債権者から裁判を起こされることがよくある。

また、その5年の間に手続きはとられなくても自分の方から相手に支払う約束をしてしまっているせいで、時効の資格がなくなっていることもよくある。

このように本当に時効かどうかは、上記のような時効ではなくなる事情がないか調査して見極め、その上で大丈夫な場合は時効を主張して借金を消すが、時効を主張できない場合は、3つ（破産・再生・任意整理）のいずれかを選択することになる。

過払い金とは

最後に、よくニュースなどでも目にすると思うが、任意整理のページでも出てきた過払い金について説明する。

言葉上の過払い金とは、文字通り払いすぎたお金のことだが、巷でよく言われるのは高い利息を払いすぎた場合のこと。

現在では、闇金を除いてほぼないが、今までは本来の上限利率の18%（100万円以上なら15%、10万円未満なら20%）を超えて、20数%や30%の利息の取り引きが、サラ金だけでなく信販カード会社や一部銀行カードでもよく見られていた。

そのような過払いについては、あなたの手元に記録がなくても、業者から取り寄せ再計算することで発見することができるのだ（なお、手元に記録がなくてもいいわけなので、現在取り引きをしている相手でも、過去に払い終えて契約を終えてしまったところでも、どちらでも可能だ）。

この過払い金が、1社あたり数十万円、人によっては300万円や500万円ほど生じることも多々あり、これがあると任意整理のページでも話した通り一部他社の過払いでない業者の債務があっても、それに充てて全体の解決がついたり、仮に破産・再生をする時でもその過払い金から手続き費用や弁護士費用を払えるのだ。

　このように過払い金は非常に大事だが、この過払い金の存在がクローズアップされすぎ、また返還訴訟が増大しすぎて歪みも生じている。

　それは前述したとおり、一部の整理屋という人が資格もなく回収を代行して横領したり、弁護士など有資格者でも、過払い金を取ることだけ請け負って、全体の解決（そこから任意整理で処理するとか、そのお金を費用に充てて破産するなど）をしなかったりする人もいる。

　その上、裁判所もそういうトラブルの存在を見越し、あまりにも返還訴訟が増大するのも嫌になり、過払い金を返す判決に消極的になったりしている。

　また過払い金は過去分でも請求できるが、最後に払った日から10年すると時効になるので、いずれは消滅していく運命にあるといわれている。

　このように岐路に立たされている過払い金だが、お金がない人にとっては、あるいは高い利息に苦しんだ人がけじめや代償として貰うのは、不当でもなんでもない。

業者の方も、優良業者は「引当金」というのを用意して、返金する準備をしている。だから決して「もめごとを起こす」とか「ムラがる」とか否定的にとらえず、本来の筋道に戻って処理することを考えて、返してもらえばいいのだ。

返してもらった時、「権利だから当然」とでかい顔をするのではなく、返してくれてありがとうという謙虚な気持ちさえあれば、決して日本人の国民性にも反しないと思う。

エピローグ

尊い日本人の心を取り戻せば、お金での失敗はなくなる

本文では、好き勝手書いてきたが、ここでは、超真面目に書いておく。

残念ながら、日本人の経済感覚、価値観は劣化している。

本来の日本人は大多数の勤勉実直な「庶民」と、一部の成功した「成功者」が共存している。

「成功者」は、代々裕福である反面、地元に貢献している人であったり、「庶民」が一念発起して、勉学、仕事に励み一旗あげた人であったりする。

その両者は、嫉妬や侮蔑を向け合うこともなく、庶民は成功者を地域の名士、あるいは立志伝中のものとし目標にし、成功者は、庶民に温かい目を向けてきた。

もちろん、成金のような「詐称成功者」は、侮蔑され、「成功者」とは扱われない。

お金がすべてではなく、「庶民」はお金がなくても誠実な生き方をし、お金の有無でなく先生、警察官、町長さん、オヤジなどの威厳あるものに従った。

しかし、現在は違う。汗もかかず、投資やうさんくさい虚業で儲けるのもよしとされ、「詐称成功者」は、庶民など眼中にも入れず、地域共同体とは隔絶した何とかヒルズなどの空間に存在する。

庶民は誠実たろうとしたが、高度経済成長やそれに続くバブルに巻き込まれ、消費や浪費を享受してしまい、ようやく景気が一段落したら、大手のチェーン店に商店はつぶされ、会社員はリストラにおびえ、目先のことしか考えられなくなった。

結果庶民と「詐称成功者」の間にあるのは、嫉妬と侮蔑だけだ。

希望のない「庶民」は、成功者とまではいえない、公務員・教師など中間安定層を叩くのに血道をあげる。また、日々の生活への不安やストレスのはけ口は、延々と日々の消費活動つまり浪費に向かい、カードの枚数やブランドにこだわる。

そんな「カネカネカネ」の大人を見た子どもたちは、庶民の子どもも成功者の子どもも「カネ」を価値観におき、カネのある人間、カネのある国、つまり、アメリカや中国こびるようになった。

いささか、絶望感をあおってしまったが、実はまだ間に合うのだ。

現状の、カネ、カネの腐った世界を変え、本来の日本に戻すのはまだ可能なのだ。それは、「日本人だから」と自覚する「日本人だから運動」だけで可能になる。

もちろん、長い目で見れば教育の問題、つまり、教員の威厳確保、一定の体罰復活による権威への理解の植え付け、カネへの執着でなく、国への誇り、郷土への愛をはぐくむ教育になるが、今日明日には変わらない。

しかし、「日本人だから」と唱え、行動を律することはこの瞬間からできるのだ。

浪費をしたくなったら日本人である自覚を持つ、昔の人、ご先祖様ならどうするか考える。職場で不満があったら日本人である自覚を持ち、耐えるべきものは耐える。程度がひどく、我慢ができなくなったら、日本人として意地を見せ、爆発する。夫婦問題もみんなそうだ。

そうすれば、浪費、安易な転職や家庭不和による経済的損失は激減する。気持ち悪い宗教やマルチもはびこらない。

これらを「日本人だから運動」というが、実は、これは日本人でなくてもできる。外国人であっても、日本人的なものへの敬意があればできる。

例えば、日本が戦前よい影響を与えた台湾やマレーシアの一部の人々、現在でも日本に憧憬を抱きお茶や武道をたしなむ外国人の間では、「日本人的な行動」はよく見られることだ。

要は、心のありようでいくらでも変われる、いや本来に戻せるということだ。

金に振り回されし者、振り回されそうな人よ、よーく聞いてくれ。

あなたたちの心掛け一つで、大切なお金が逃げずに、ただ心の中で思うだけで、お金には振り回されない充実した生活、自信と生きがいを持った生活ができるのだ。

やってみないか、新たな、いや昔ながらの生活を。

石原伸浩

石原伸浩（いしはら　のぶひろ）
弁護士　大江戸下町法律事務所代表

昭和 49 年台東区生まれ。

黒門小学校、開成中、開成高校を経て、東大法学部（東大文科１類）入学・卒業。

先祖代々の台東区暮らしの家で生まれ育ち、何不自由なく伸び伸び育つも、中学時代のいじめで暗転。その反動で大学時代には空手・キックボクシング・柔術などに明け暮れる。


司法研修所を経て平成 14 年に弁護士登録。平成 16 年４月に大江戸下町法律事務所開業（現在弁護士６名、スタッフ６名）。

これまで、一般事件（交通事故・相続・離婚・不動産）の他に、借金問題・ローン問題に取り組む。１日平均３～４件の相談に自ら直接対応しているため、累積相談件数は約１万件に及ぶ。

自らもクレジットカードを一切使わず､徹底した現金生活を多重債務者に指導｡多重債務には必ず原因があり、その多くが予防及び鎮静化出来ることに早くから気付き、その仕組みを本書にて徹底分析する。


趣味は、大学時代から続けている、空手・キックボクシング・柔術。

唯一の自慢は料理の味が完璧にわかる絶対的な味覚。

好きな言葉は、努力・根性・大和魂。

家族は妻と娘。

編 集 協 力　山下久猛
装　　　 丁　冨澤崇（EBranch）
本文デザイン　土屋和泉

ヤバいです！その金遣い

2011 年 11月 3 日　初版発行

著　者　**石原伸浩**
発行者　**野村直克**
発行所　**総合法令出版株式会社**
〒107−0052　東京都港区赤坂1−9−15
日本自転車会館2号館7階
電話　03−3584−9821㈹
振替　00140−0−69059
印刷・製本　**中央精版印刷株式会社**

ISBN978−4−86280−277−4

総合法令出版ホームページ　http://www.horei.com/